科技与经济结合的实践与思考

吴乐斌◎编著

中国出版集团 现代出版社

图书在版编目(CIP)数据

科技与经济结合的实践与思考／吴乐斌编著. － － 北京：现代出版社，2022. 11

ISBN 978 － 7 － 5143 － 9984 － 4

Ⅰ. ①科… Ⅱ. ①吴… Ⅲ. ①技术经济 － 中国 － 文集 Ⅳ. ①F124.3 － 53

中国版本图书馆 CIP 数据核字(2022)第 205560 号

科技与经济结合的实践与思考

编　　著	吴乐斌
责任编辑	杨学庆
出版发行	现代出版社
通讯地址	北京安定门外安华里 504 号
邮政编码	100011
电　　话	010—64267325　010—64245264(兼传真)
网　　址	www. 1980xd. com
印　　刷	北京荣泰印刷有限公司
开　　本	710 毫米×1000 毫米　1/16
印　　张	17.5
字　　数	225 千字
版　　次	2023 年 1 月第 1 版　2023 年 1 月第 1 次印刷
书　　号	ISBN 978 － 7 － 5143 － 9984 － 4
定　　价	76.00 元

2017 年 4 月与比尔·盖茨

2017 年 5 月与巴菲特

2015 年 9 月与基辛格、骆家辉

2019 年 11 月与爱尔兰现任副总理、外交与国防部长西蒙·科文尼

2018 年 6 月与法国前总理拉法兰

2017 年 4 月与澳大利亚前总理陆克文

2018 年 6 月与芬兰前总理埃斯科·阿霍 、诺基亚壳牌前董事长约玛·奥利拉

2018 年 6 月与前梵蒂冈科学院院长马塞洛·S. 索龙多

书　评

吴乐斌同志勤于思考,勇于实践,本书集合了他在科技与经济结合方面的工作成果,值得一读。

——国家科技部原部长、中国科学院院士　**徐冠华**

科技成果转化是科技创新活动全过程的"最后一公里",成果转化是否顺利很大程度上决定了科技创新活动的成败。

——中国科学院原院长、院士　**白春礼**

乐斌同志在科技与经济结合这一领域工作了几十年,将其心得体会编著成这本书。科技与经济结合太重要了,值得我们共同来探讨和探索。

——中国科学院原副院长、国家自然科学基金委员会原主任、中国科学院院士　**陈宜瑜**

科技、产业、资本各有完全不同的个性和发展逻辑,但科技强国建设需要"创新链""产业链""资本链"有完善对接。能跨三界驰骋的全能型人才不多,探索其间生态有成的更少。本书是作者长期跨界实践与思考的笔录,值得阅品。

——中国科学院研究员、原党组副书记 **郭传杰**
兼中国科学技术大学党委书记

"我与作者同事多年,一直保持密切交往和友谊,他在中科院科技管理的宏观与微观多个工作岗位上作出了贡献,2003年开始从事科技企业的经营、管理与投资,他在工作中勤于思考,善于总结,本书中的不少文章很值得品读。"

——中科院院士、清华大学教授、原南开大 **饶子和**
学校长、中科院生物物理研究所所长

作者在科技供给侧和需求侧都作了深入实践,在科技与经济之间进行了"穿越"和"串位",发挥了纽带作用。其见解值得借鉴。

——中国科学院原副院长、上海交通 **张 杰**
大学原校长、中国科学院院士

自 序

本人突然发现已届国家法定退休年龄，才知道自己已是自己年轻时心目中的"老人"。感慨之余，油然动笔，把自己几十年来进行的科技与经济结合的实践与思考作一梳理，不仅让自己岁月留痕，也可能有裨益于读者。故此，自我表扬式作一小结，是为序。

我从事科技管理工作 30 多年，其中包括在国家和中国科学院的中宏观层面和研究所及科技企业的微观层面，从学科发展战略、规划、计划到科技公共关系、研究所运行、科技成果转化、科技企业的投资与创办，比较完整地经历了科技创新价值链的全过程，在科技创新的供给侧和需求侧都有实践和收获。主要工作与收获包括：

一、在科技成果转化及其产业化方面系统性地发现、凝练并成功地实践了"一二三四五"规律：

"一条运河"：从知识海洋（IP）到资本海洋（IPO）的运河，科技成果如何从知识海洋（IP）即科研的大院大所的此岸转移到资本海洋（IPO）即资本市场的彼岸，需要构建一个完整的科技创新生态体系，这个体系至少包括九大平台：投资平台，包括战略直投和基金投资；融资平台，包括直接融资和间接融资；科技银行；科技保险；知识产权运营平台；政产学研用技术创新联盟或产业链创新链双链嫁接联盟；产业智库；人才成长平台；双创服务平台。

"二基叠加"：基金与基地叠加的基金策略，科技创业投资基金包括种子基金与 VC 基金，在投资科技项目时，应与科研机构和产业园区密切互动，形成"科创引领、基金赋能、产业发展"的机制，形成高新技术企业集聚孵化和发展的效应。

"三链联动"：率先凝练和制定了创新链、产业链、资本链三链联动的科技企业商业模式。创新链，即科技创新的全链条，包括基础研究、应用研究、技术开发；产业链，包括产业上下游，包括供、产、销、服全过程；资本链，包括战略直接投资、基金投资以及信托、贷款、担保、保险、租赁等一系列金融工具形成的投资关系。

"4P 接力"：科技成果转化和科技企业的创办，是社会各种力量在共同利益、共同目标驱动下的合作，不同阶段、不同组合，合作各方扬长避短，互补共赢。"4P"指 IP（知识产权即技术）、GP（基金管理公司）、LP（基金出资方）和 SP（战略合作方，通常指地方政府或企业财团）。4P，即科技成果转化和产业化的过程中，科技成果这个"接力棒"通过大家的接力跑从起点送到终点。科技成果从科研院所出门到企业的市场入门这段路被称为"死亡之谷"，这段路要有人护送。在美国有 SBIR（中小企业创新研究计划）的政府或公益经费把科技成果送出研究院所的大门。在进入企业的市场入口，有 SBIC（中小企业创新投资计划）的投资资金迎接，美国较好地解决了这一问题。在中国的国情条件下，通过"4P 接力"有望解决这一问题。

"五条鱼"：把科技企业成长的过程分成五个阶段，每个阶段都有不同的成因，犹如鱼骨图所显示的逻辑关系，又考虑到科技"运河"的生态体系，科技企业在这样的环境中发展，所以，把五个不同阶段的科技企业称为五条鱼。第一条"鱼"，是从创意到产品；第二条"鱼"，是从产品到有销售；第三条"鱼"，是从有销售到有利润；第四条"鱼"，是从有利润到上市；第五条"鱼"，是从上市变成行业龙头。如果"河水"不好，越小的"鱼"就越容易死。这在媒体的报道中被称为"一条河"和"五条鱼"的理论。

二、系统性地探讨了绿色发展的定义，并由此提出"绿科技"概念。认为人类已经迎来绿色发展时代，其中"绿色"是广义的概念，其涵盖的范围已经远远超出了产业的概念甚至经济的概念，已经形成了包括科技、经济、文化、法规、政策等内涵的经济社会发展方式。从哲学原点上看，绿色发展是一种价值观，体现人类与自然良性互动、和谐共存、持续发展的状态与境界。人类社会进入这样一个时代，人类以最少的碳排放和最少的对自然环境的扰动获取最大限度的物质与精神生活的满足，能够实现这个时代需要的科技即为绿科技。这一定义和概念得到业界和媒体的广泛认可。

三、研究提出了《液态阳光经济实施纲要》。作为中国科学院"液态阳光经济"专题研究组的执行组长，组织了《液态阳光经济实施纲要》的研究工作，并撰写了研究报告。报告得到了中央主要领导的高度重视和充分肯定。

报告提出，甲醇是最佳的能源载体和化工原料，由此人类社会将进入甲醇经济时代。作为能源载体，甲醇与煤相比，要清洁许多；与石油相比，要经济许多；与天然气相比，其储存和运输要便利许多。同时，甲醇又可以是煤、油、气共同的中间产物。

报告认为，甲醇可以分为5代：第一代，煤制甲醇；第二代，天然气制甲醇；第三代，天然气制或煤制清洁甲醇；第四代，生物制甲醇；第五代，空气循环制甲醇，即捕获空气中的二氧化碳与氢合成制甲醇。所有的甲醇追根溯源都来自阳光，而且，第三、第四、第五代甲醇是清洁能源，第四、第五代甲醇是可再生能源，因此，我们把第四、第五代甲醇称为"液态阳光",由此催生、引发、形成的经济称为"液态阳光经济"。

中国科学院大连化物所李灿院士率领科技人员在甘肃省兰州市经济开发区组织了世界上第一个经典的"液态阳光"甲醇项目,利用太阳能发电制氢,并与捕获的二氧化碳合成甲醇。中国科学院上海高等研究院的孙予罕研究员组织科技人员在海南省利用蓝氢和捕获的二氧化碳合成甲醇,走出了规模化生产第五代甲醇的重要一步。2030 年碳达峰、2060年碳中和的双碳目标已经成为指引我国经济社会发展的刚性目标,发展"液态阳光经济"势在必行。

四、创办和催生了一批科技企业。在 1998 年担任中国科学院生物物理所分管科技成果转化与产业的副所长后,率先在北京地区完成研究所所办企业改制,组建了中生北控生物科技股份公司并实现了在香港上市,成为中国科学院旗下联想集团之后第一个在香港上市的公司,也是中国体外诊断产业第一个在香港上市的公司。在 2014 年至 2019 年担任中国科学院控股有限公司董事长期间,运用科技成果转化和科技企业成长的"一二三四五"规律,主导投资了国盾量子、寒武纪等一批科创企业并成功在科创板上市,中国科学院旗下的上市公司从 20 多家上升到 40 多家,企业资产从 3500 多亿元上升到 8500 多亿元,每年增长 1000 多亿元。

五、参与制订和承担国家一些科技计划。参与了全国自然科学基础和应用基础研究重大项目的遴选,因此获得中国科学院科技进步二等奖;《创新工程呼唤新的科技评价体系》获得中国科学院、中国社会科学院、中国科协、全国青联、团中央联合颁发的 1999 年中国青年论坛二等奖。作为国家"863"计划"十一五"生物医药重点项目组组长,圆满完成了"863"计划中首个体外诊断重点项目的科研任务。

六、组织制定了《企业碳评价标准》。作为企业绿色发展(海口)

研究院院长，组织制订了《企业碳评价标准》并于 2021 年 12 月 24 日在全国团体标准信息平台上发布实施。这是全国乃至全世界第一个跨行业的企业碳评价标准。标准包括 7 个一级指标 24 个二级指标，对企业贯彻落实"双碳"目标具有重要的实践意义和指导作用。

七、发明和创作了若干项知识产权：作为企业创始人，主导了中生北控生物科技股份公司、中恩（天津）生物医药科技有限公司、中科院创业投资公司徽标的设计。同时，作为主要负责人发明了"一种改善胃肠功能的固体饮料及其制备方法"等八项专利。

八、撰写了《人类社会发展二动力论》专著、联合撰写了《R&D 与企业原动力》、策划编译了《企业领袖 50 强》、参与撰写了《2021 中国新经济发展报告》，发表科技管理论文 40 多篇。

九、发起组织中国科学院青年创新联合会。1991 年，在时任中国科学院院长周光召的倡议下，依托中国科学院科技政策局战略远景处，以中国科学院各研究所海外学成归国的优秀青年科学家为主，发起成立中国科学院青年创新联合会，团结和凝聚了一批青年学术帅才，他们后来在中国科技界的重要岗位上都发挥了非常重要的作用。

籍此机会，向所有指导过、帮助过我的老师、领导、同事和家人致以最衷心的感谢！

修筑"运河"的人

马　力

2020 年 12 月 18 日，一场不同寻常的签约仪式在广州举办，一方是中国科学院控股有限公司，另一方是广东省科学技术厅，在中科院副院长张涛和广东省副省长王曦紧握双手的那一刻，中国科学院（粤港澳大湾区）科技成果转化母基金设立了。

为什么说不同寻常？因为这只母基金的使命是助力中国第四个综合性国家科学中心建设，立足大湾区，面向全球进行科技成果转化。综合性国家科学中心是国家科技领域竞争的重要平台，通过平台汇聚世界一流科学家，来突破一批重大科学难题和前沿科技瓶颈，一直被称为"科研皇冠上的明珠"。

吴乐斌正是这只母基金的操盘手。他被看作是"离科学家最近的投资人"，在中国科学院的科技政策局、研究所、国科控股等部门工作了 30 余年，拥有丰富的政策、科研、产业和投资经验。在他看来，迈入"十四五"，科技创新被提到前所未有的高度，如何实现创新链、产业链和资本链的融合，让科技创新成为推动经济社会发展的强劲动力？这是机遇更是挑战，雄关漫道，任重道远。

一、"运河理论"背后

吴乐斌有一套"在知识和资本之间修一条运河，将科技成果转换成生产力"的"运河理论",这在社会上产生了很大影响。为了弄清楚理论背后的深层次原理,笔者专程来到位于北京中关村的中科大厦,向他请教。

科技成果转化,一直被业界称为"死亡之谷"。从一个专利或实验室的成果,到批量定型生产,这中间存在超高死亡率。在吴乐斌看来,要打通知识和资本之间的层层阻碍,需要从智本(IP)的海洋到资本(IPO)的海洋修通一条运河,构建"运河生态体系",主要包含九大平台:投资平台、科技保险、科技银行、直接融资平台、产业链与创新链的嫁接平台、双创平台或科创平台、人才创业的环境与平台、产业智库、知识产权平台。

"在这九大平台中,战略直投和母基金是投资平台中的重要组成部分;我到以色列参观考察学习,陪同的当地合作伙伴是以色列第十一代做保险的专业人士,长时间积累,全过程、全方位、全要素'三全保险'足以使风险最大的科技创新有了保障;硅谷银行的成功不能简单归功于投贷联动,更重要的是其针对企业生命周期可以提供多样化创新金融服务;中国多层次资本市场的建设与科创板带来的机遇、对全球科技人才和科技信息的重视,知识产权不仅是工具,更是财富,甚或生命价值的载体……"吴乐斌这样解释"运河理论"。

"运河生态体系"除了"一条运河",还有"两基叠加",即产业基地+产业基金;"三链联动",即创新链、产业链、资本链的深度融合,打造协同创新体系;"4P协同"的产业链,让IP(知识产权)、LP(有限合伙人)、GP(普通合伙人)、SP(战略合作伙伴)形成良好的战略协同联合;最终实现养活运河里的"五条鱼",它们分别代表着科技型企业从创意到产品(从0到1)、产品到销售(从1到10)、销售到利润(从10到100)、利润到上市(从100到1000)、上市到行业领袖(从1000到10000)五个发展阶段的跨越;不可缺少的还有科技文化,将它比喻为运河的水质很恰当。

吴乐斌希望"运河理论"可以为中国政府建设和提升创新能力提供一个抓手。"河长制，即由中国各级党政主要负责人担任'河长'，负责组织领导相应河湖的管理和保护工作，为维护河湖健康生命、实现河湖功能永续利用提供制度保障。那么，科技创新这条河，能不能也形成河长制；科技成果的转化能不能量化，形成一套制度，以新型举国体制来助力重大科技的创新。"吴乐斌站在中科大厦办公室的落地窗前，望着中关村的车水马龙，陷入了沉思。

中科大厦于1993年奠基，见证了"一座中关村，半部改革史"。如今，作为创新风向标的"中关村指数"显示，中关村每平方公里的投资额，已然超越硅谷。吴乐斌笑呵呵地对笔者说："20多年前，这座楼的奠基仪式就是我来张罗的，上了新闻联播，说中国科学院一院两制是走向产业化的重要一步。"光阴荏苒，中科院这个标签早已深深贴在吴乐斌身上，当然，他的"运河理论"也是在中科院的岁月中磨砺而成。

二、中科院岁月

吴乐斌在江西省抚州市的资溪山区长大，从小勤奋刻苦，从江西医学院本科毕业后，成为一名外科医生。但他不甘于放弃科学研究的梦想，两年后成功考取中国科学院，研究生毕业后，他被分配到中科院的科技政策局，以这里为起点，为"运河理论"打下了坚实的基础。

"当时老院长周光召只分管一个局就是科技政策局，他营造了解放思想、严谨活跃的研究氛围，我接触到了很多大科学家，从他们身上学习到了哲学与科学的思维。当时我所在的处叫战略远景处，参与制定国家重大科学规划，其中863计划和973计划，对我影响深远。"吴乐斌说。

1986年3月3日，王大珩、王淦昌、杨嘉墀、陈芳允四位科学家向国家提出要跟踪世界先进水平，发展中国高技术的建议。经过邓小平批示，国务院批准了《高技术研究发展计划（863 计划）纲要》。"863 计划开始是六大领域，很多科学家认为千万不要丢掉海洋，海上亡则国家亡，海上兴则国家兴。我当时作为一个处员，具体参与了推动和组织海洋高技术研究发展计划的制订，特别是得到了中国科学院胡启恒副院长的重视和支持，从零开始到最后成为 863 计划中很重要的一部分。"

1997 年的国家重点基础研究发展计划（973 计划）旨在加强我国基础研究，解决国家战略需求中的重大科学问题，以及对人类认识世界起到重要作用的科学前沿问题。"基础研究怎么做？到今天为止也是科研管理当中的一道难题，郭传杰书记带着我参与了当时被称为'攀登计划'的研究制定工作。我主要负责生命科学口的联系和调研工作，当时用了德尔菲方法进行研究，提交了研究报告，获得了国家批准。这个'攀登计划'就是后来'973'计划的前身"。吴乐斌为参与到中国科技历史进程中而自豪。"回头看，'863'和'973'两个计划在当时有限的物质条件下发挥了很重要的作用，凝聚了科技界的人心、资源，为国家长远的发展打下了坚实的基础。"

科学研究是一个曲折和艰苦的过程，如春蚕破茧般在黑暗中求索，最需要一种乐观的精神。吴乐斌天生乐观积极，身上充满正能量。他在院机关待了十年后，向时任中科院院长路甬祥主动请缨去了生物物理所。他到所里后，重要的一项工作就是抓产业化，生物物理所在中国科学院北京地区率先完成了所办公司的改制工作。吴乐斌提出要将所里的所办公司进行改制上市。想法一提出就遭到了所里众人的反对，大家认为可能性不大，因为风险太大，如果上市不成功，不仅会造成经济损失，而且会导致公司一蹶不振。但吴乐斌坚信，这是公司实现现代化治理，做强做大必然的一步，即使背水一战，也要坚持去做，经过一年零十个月的不懈努力，吴乐斌终于做到了，成就了中国体外诊断行业第一个在香港上市的企业——中生北控生物科技股份有限公司。

2014 年，吴乐斌被任命为中科院企业党组（后来改为中国科学院企业党委）书记、中国科学院控股有限公司董事长。国科控股作为中科院统一负责经营性国有资产投资的企业平台，背靠中科院优秀科研成果、手握雄厚金融资本，并拥有联想控股、中科集团等一批知名高科技企业。

如何把中国科学院这样一个全世界独一无二、每年发明专利超过一万多项的最大科研实体成果，转化成现实的生产力？吴乐斌带着问题和使命把视野投向更广阔的世界，他深入研究世界强国的科技创新制度。

美国从"制造经济"转向"知识经济"，得益于三个制度的立法。一是《拜杜法案》。该法案明确，大学、研究机构能够享有政府资助科研成果的专利权，如果两年内不能被转化，权利归科学家。这解决了之前由政府资助的科研项目获得的研发成果，不仅收益权归政府，而且一切的后续性研发也不可以由发明人独享的问题。

二是中小企业投资公司计划 SBIC。它负责为美国中小企业的增长、扩张和现代化提供产权资本和长期的债务融资，用政府的信用解决了科研项目早期市场的钱，也解决了社会投资者利益风险的对冲问题。

三是中小企业创新研究计划 SBIR。这项计划规定从每年度的科研经费中，提取一定比率（开始是 0.2%，后提升至 2.5%），用于支持科研人员撰写科技成果的商业计划书；确定各项技术指标和参数，解决技术质量的稳定性问题，并规定所有的产品都要进入市场，推动政府采购首台/套/件新产品。脸书、微软、特斯拉等科技巨头在初期都得到过这套创新体系的支持。吴乐斌认为，"纵观世界科技史和西方发达国家的成功经验，我们明显地感觉到，中国要成为世界强国，亟须设计和营造一个科技生态，这就是'运河体系'，'运河体系'将会改变科技和经济之间的关系，加速科技成果转化，也加快科技企业成长。"

中科院的岁月造就了吴乐斌。吴乐斌 30 多年的职业生涯在创新链（研究所）、产业链（实体公司）和资本链（国科控股）三链的上上下下、里里外外的历练，练就了他身跨三界的功力，这些历练也成为他日后操盘上百亿科技成果转化母基金的定盘星。

三、操盘母基金

"中科院籍"企业寒武纪，以 68 天的时间，创下科创板过会企业的最快速度；中科闻歌、国科天迅、盛诺基、天广实等一批中国科学院科技成果转化母基金的直投项目都在登陆资本市场的路上。

中科院成果转化母基金的诞生，源自中国科学院党组根据习近平总书记 2013 年、2014 年两次视察中科院提出的要求，在 2015 年调整的"三个面向""四个率先"办院新方针："面向世界科技前沿，面向国家重大需求，面向国民经济主战场；率先实现科学技术的跨越发展，率先建成国家创新人才高地，率先建成国家高水平科技智库，率先建设国际一流科研机构。"

母基金一期于 2018 年落户有"中国光谷"之称的武汉东湖高新区。主要投向战略新兴产业及关键"卡脖子"技术，如人工智能、芯片、生物医药、新材料、新能源、智能制造、新一代信息技术等，概括地讲，聚焦于"硬科技"和"绿科技"领域。

"绿色发展我认为是用最少的碳排放，最大限度地满足人类对物质和精神生活的需求，绿色发展依靠的是绿科技，什么是绿科技？我把它定义为 4 个 C：第一个 C，Clean，'清洁技术'，如清洁工艺、清洁材料、清洁环境等；第二个 C，Computing，叫'计算技术'，人类文明进程的脉络从古希腊人计算到牛顿《自然哲学的数学原理》，再到图灵把计算与机器联系起来，香农把计算和信息联系起来，同时，因为计算或数字科技而出现了虚拟世界，改变了时空，因而出现了最低碳的生活方式；第三个 C，Health Care，'生物医药'，抗体、疫苗、基因，解决人体健康问题的出路在人体本身，摆脱了对环境资源的依赖；第四个 C，Creative，叫

'创意产业'，本质是文化产业迭代了科技创新。"吴乐斌这样定义母基金投资标的。

在吴乐斌看来，对科技企业的投资，必须打破传统认知，即科技企业在初创期没有销售额、没有利润、没有净资产，无法对"三无产品"进行财务估值。这时，一个名为"科技信用"的词，成为投资的标尺。

"陈元主席和我交流时提出了一个重要概念'科技信用'，这也是他思考中的'开发性金融2.0版'很重要的元素。什么是'科技信用'？一个科学家的职业生涯中曾经创造了什么样的科技成果，在这个过程中建立起来的信用。比如投资国盾量子，潘建伟院士在质疑中前行，但他在量子通信领域，世界公认走在最前头。我投国盾量子时主要考虑两样东西：一是量子是前沿科技，对国家来讲太重要了；二是在量子领域潘建伟是不二人选。2020年7月，国盾量子登陆科创板，上市首日涨幅超1000%，破科创板纪录，收盘估值近300亿元。"吴乐斌阐述投资逻辑。

"这一次我们又踩准了国家科技战略步伐的节奏，上一次是2015年9月国科系企业家们随习近平总书记访美。母基金二期落户广东占据天时地利人和：广东有王恩哥校长的新材料实验室、徐涛院士的生物岛、高文院士的人工智能、姚建年院士的化工新材料……母基金的背后是中国科学院105个研究所、'一带一路'科学院联盟、欧亚科学院、第三世界科学院等资源的强大赋能。"吴乐斌自信地说。

"科学最大的魅力，就在于一切皆有可能，而中国的未来更是如此。"吴乐斌投资的信心来自对祖国的热爱、对家乡的热爱。他在《故乡的山》中写道："我们这一代人永远感谢小平同志，恢复高考、改革开放，让我们从大山深处走向世界；永远感谢家乡抚州的王安石、曾巩、汤显祖等历史人物，他们留下了为国益民的家国情怀，这是传承的大爱。"吴乐斌把乐观和信心传递给在科技的崎岖山路上探索的每一个人。

目　录

第一辑　论　文

第二辑　访　谈

第三辑　演　讲

第四辑　随　笔

第一辑

论 文

以 EMBA 课程为鉴检视和探讨科技管理工作中的难点与问题

笔者在紧张的工作之余,完成了由中国科学院研究生院与美国威斯康星大学麦迪逊分校联合教授的 EMBA 课程 10 个月 10 门课的学习,获益匪浅。以 EMBA 课程所学的知识与技能为鉴,检视自己身边的科技管理工作,特别是科学院和研究所在实施知识创新工程过程中的工作,便觉其中一些问题与难点值得回味与探讨。

正确的战略对研究所的发展至关重要

没有发展战略或不能制定正确的发展战略的单位是没有发展前途的。在实施知识创新工程前,许多研究所不曾专门制定发展战略,或者说没有明确的发展战略。当准备申请进入创新工程时,我们研究所首先遇到的问题便是如何回答研究所的定位、发展目标、研究模式或体系,于是,研究所所务会召开了一系列会议讨论、研究、制定了一个发展战略。根据 EMBA 课程中组织行为学、组织文化、动态战略学等课程的理论或知识来看,发展战略是一个组织建立、生存和发展首先要明确的问题。一个组织的战略要描述一个组织存在的使命(mission)是什么,发展的目标(vision)是什么,要对环境做分析,要指出什么是这个组织生存与发展的"S"(strength)、"W"(weakness)、"T"(threats)、"O"(opportunity),要提出实现目标的对策,实现目标的阶段和进度。对我们研究所来说,我们要回答中国为什么就一定需要有一个中国科学院生物物理所?

这就需要弄清楚国家对生物物理学等微观生物学的需求是什么，国际上生物学发展的态势如何，同时还需要了解国内外同行与竞争者的状况如何。特别是生物物理所将未来10年的发展目标锁定在本学科内国际一流水平的科研机构，这真可谓是任重而道远。这首先得了解国际上本领域内一流水平科研机构的概念是什么，有哪些定量的指标可描述，比如，平均每年在本学科内的核心刊物上发表多少篇独立完成工作的论文，涌现什么样的科研成果或取得什么样的发展，对国际同行能产生什么样的影响。而这些工作都需要做系统的调研工作。针对上述目标，我们应当找出我们的差距有多大，差在哪些方面，怎么缩小这些差别，选择什么样的工作为重点，需要什么样的条件，确定什么样的进度来达到目标。在形成战略目标时，需要一个程序与过程，需要科研骨干广泛的参与，而且可以采用一些先进管理方法，比如，该采取什么样的对策，可群策群力，集中大家的智慧，就可用由威斯康星大学发明的NGT方法。这种方法也许可译成小组提名法（Nominal Group Technique），即一个小组针对某一具体问题的决策分三步进行：第一步，每个人提出若干条意见或观点；第二步，将每个人的等量的意见或观点罗列出来，逐条逐个解释或定义，再进行"合并同类项"；第三步，每人对第二步的结果作确认，每人再作其中若干条或某一定量的选择，而后作统计而得出解决或回答这一问题的若干种答案。这种方法也可与头脑风暴法相结合使用。再比如，确定未来学科发展的方向或目标时，也可采用德尔菲法，以问卷的形式进行。而在决策当中，特别要注意克服群体思维现象的发生，即在一个领导集体中，要注意克服某一个人搞一言堂，避免权威人士的错误意见压制非权威人士的正确意见。

反省我们自己在日常工作中的习惯做法，其中许多都偏离了科学的决策方法，给工作造成了被动。我试想，我们研究所的所务会和党委会是否可作这样的角色定位和转换：在研究决策时一个领导集体就是一个

GROUP，每个成员是平等的，其中，所务会的组长是所长，党委会的组长是书记。在决策制定后，要实施决策时，领导集体就转换成 TEAM，所务会的 TEAM LEADER 是所长，党委会的 TEAM LEADER 是书记，领导成员要有授权与被授权，要有分工，要明确相互间的主次关系和先后程序。

要普遍使用项目管理的概念与方法

正确的战略必须依靠科学的管理方法去实施实现，而项目管理是其中最有效的方法。在我们的日常工作与生活中几乎时时、处处、事事都可以纳入项目管理，大到科学院实施知识创新工程，小到一个人早晨起床后如何高效地完成洗漱用餐琐事。在我们的课堂上，几个典型案例让人印象深刻。一个案例是在美国加利福尼亚州的圣迭戈，用项目管理的方法在 3 小时内盖起了一栋别墅，比原计划的 4 小时提前了 1 个小时。一个案例是几个强盗用项目管理的方法如何在警报系统报警后的短促时间里完成抢银行的行动。什么是项目管理？项目管理就是关于一个产品或一项服务（工作）的 Q（Quality）、C（Cost）、T（Time）、S（Scope）的控制。通常分四个阶段进行，第一阶段是概念设计阶段，包括概念表述、使命与目标、确定当事者、在组织层面上对项目的成本、效益、可行性作评估，紧迫性、确定项目的发起者与管理者，项目的专业要求、写成专业的报告，最终形成项目管理的概念及其在组织中的定位。第二阶段是启动阶段，包括起草项目书，确定项目草图，了解组织文化对项目的影响，确定并获得项目当事者的理解与赞同，确定目标与目的，确定功能要求，检查并确定项目的策略方案，完善项目任务的表达（SOW）等。第三阶段是计划阶段，在上述工作的基础上完成 WBS（Work Breakdown Structure）PERT（Program Evaluation and Review Technique）Chart 等的制作，将项目分解成若干子项目，使若干子项目成为可调控（责权分解到位），可相互区分又可整合为一体的单元，明确其进度、成本、人员分工及资源配备，以直观的图表实时表达其进度。第四阶段是执行与结束阶段，在这一阶段强调了变化、问题、风险的管理，在项目完成后要将资料建档，对项目评估验收、总结、庆贺。我们的每一次工作几乎都可按项目管理的概念、原则、方法去操作。比如，研究所的工作千头万绪，选择其中重要的作为主线，按项目管理的方法做出 WBS 图，各部门进行分工，做出 PERT 图表，进行实时、系统的调控，以期紧张、高效、有序地推进多项工作。

在研究所或科学院的科技管理工作中，容易出现这样的现象：领导说的往往是原则要求或精神思想，但没人或缺少人据此制订方案，也就没有人贯彻、执行方案，这样就变成了领导说完了事情也就完了，目标定了但往往实现不了或偏离目标。按项目管理的概念说，这个项目就停留在概念化的阶段而不能深入下去，缺乏人力、物力、财力、时间的统筹与计划安排。

正确运用创业投资形成科学、技术、产业间的良性循环

创业投资（Venture Capital），在很长时间内国内很多人都把它称作风险投资，甚至有人说，明知山有虎，但为了党和人民的事业，偏向虎山行，这些都是误解。创业投资简单地说，就是利用先进的管理机制与技能，对发展潜力大、成长速度快、风险高的项目或企业进行投资，获取超额利润。创业投资基金通常是由一组投资者共同投资组建的，这些投资者被称作 General Partner，投资者把基金交给一些专业人士去运作、管理，这些专业人士通常在基金中也要做基金的1%左右的投资，后者称作 Limited Partner，要从投资中获得保底回报，如果基金投资后获利，则 General Partner 就获得其中80%的权益，而 Limited Parter 获得其中20%左右的权益。通常，一家创投基金在一家公司中的投资，不超过总投资

的 20%，所以，创投往往不单独地进入某一公司，这样可分散风险。创投的专业人士，多由高科技人才和经济管理或企业经管人才组成，只有这样的精英团队才能运作那些超前性的，高风险又高回报的项目。创投根据项目的成熟程度不同，可分作不同的投资阶段：种子期、创建期、扩充期、成熟期、重整期。创投的投资周期一般在 5～10 年，创投怎么赚钱或怎么退出呢？通常是在投资增值后企业上市、产权交易、股权转让套现退出。创投对科技来说，其特殊性与重要性在于：1. 一般的投资是嫌贫爱富的，愿做锦上添花的事，而创投则是为富济贫的，愿意雪中送炭，在技术研究与开发最需要钱的时候，往往正是创投投资的机会；2. 创业投资帮助科技人员承担起许多科技人员不擅长的事务，如经营、与外界打交道等；3. 创投使科技更快地转化为现实生产力，使科学、技术、产业、金融间形成有机联系的价值链。创业投资使科技与金融取得了直接联系，犹如沟通水库与干旱田野间的水渠；使科研工作者不再是孤独的创新者，而是有成千上万的投资者跟进的新经济的先行者。

在中国科学院甚至整个中国，VC 远远不够活跃，影响 VC 市场的资金、技术、人才、资本市场四要素尚需要时日才能到位，但我们应当先行。我们在许多大会上说、在文件上写，确定科技开发工作是中国科学院知识创新工程的重要组成部分，但在研究所层面上这部分却找不着了，没有对科技开发做出资源上的安排。我们是否可以制定一些政策，鼓励研究所和科研人员与 VC 合作，既可调动从事开发的科技人员的积极性，又可吸引更多的社会资源为我所用，形成知识创新工程的新局面新气象、中国科学院的一批高技术公司也可乘此东风充分运用自身的技术优势，整合港澳台的资金、管理优势，进入香港或国内外的资本市场。

利用工作激励的方法调动一切可调动的积极性

在美国，1995 年的调查资料显示，有 84% 的人认为自己因工作激励不到位而在工作中未尽心尽力。这是一个让人值得思考的数字。当我问授课教授这其中的主要原因是什么时,他回答说给惯坏了(Spoiled)。我们现在尚不知道我院我所的情况如何,但可以肯定的是 Work Motivation 也一定未到位。

工作动机(Work Motivation)的理论提出,一个人的行为受外部因素和内部因素的调节。外部因素包括外部强化因素(Reinforcement)、诱因动机(Incentive Motivators),内部因素包括自己的目的性或价值的认识,本人的特质类型。外部强化因素分为正、负、无、罚四种,其中正的为鼓励,其余都将抑制行为的发生。这就是说,如果一个人工作做好做坏都一样,这实际就会挫伤工作做好者的积极性。诱因动机分为三种,一种是金钱(Money),一种是社会承认(Social Recognition),一种是帮助(Feedback)。不同年龄、不同岗位的人有不同的激励偏好,如年轻人更希望得到帮助,得到肯定的、及时的、直观的、有针对性的帮助。不同的行业对激励的不同方式有不同的敏感性,如,有统计显示,制造业对金钱的激励更敏感,而第三产业对社会承认或荣誉更敏感。同时,激励与目标是联系在一起的,不能出现为了达到 A 目的而鼓励了 B 行为,或为了达到 A + B 的目的而只鼓励 B。比如,一个基础性的研究所,其评价的标准应当包括论文、学术界的影响力、竞争力(争取经费的情况)、学生培养的情况等方面,如果长时间只鼓励或奖励其中某一点,则容易偏废其他方向的发展。

(原载于《科学新闻》2003 年第 2 期)

加入 WTO 后我国生物科技及其产业面临的挑战与机遇

摘要　以加入 WTO 为标志，中国融入全球经济一体化的进程正在日益加快。生物科技及其产业作为备受世人瞩目的领域，所面临的挑战和机遇是一个值得重视的问题。本文将从我国生物科技及其产业所处的历史方位、面临挑战和发展机遇三个方面进行探讨。

关键词　生物科技　生物产业　挑战　机遇

历史方位：历史比较和国际比较

以 SCI 论文为主要考察指标看生物学的学术水平。

通过对美国科学情报研究所（ISI）的 SCI 资料中的涉及生物学与生物技术的 823 个期刊进行检索和统计发现，1996—2000 年 5 年间，中国生物学与生物技术的 SCI 论文与国际总量之比分别为 0.71%（875/122628），0.91%（1193/130859），0.99%（1350/135935），1.19%（1632/137470），1.60%（2141/133900）；同期与美国之比分别为 1.67%（875/2347），2.21%（1193/53982），2.43%（1350/55560），2.89%（1632/56396），3.92%（2141/54567）。以 1996—2001 年的总计中国生物学 SCI 论文在世界各国中排名第十，占总量的 2.1%。前九名分别是美国（29.5%），日本（9.6%），英国（7.3%），德国（6.2%），法国（4.8%），加拿大（3.7%），意大利（3.6%），澳大利亚（2.5%），印度（2.4%）。中国生物学 SCI 论文的增长速度远高于世界和美国的增长

速度，特别是在 1999—2000 年，世界总量与美国的数量都出现了 3% 的负增长，而同期中国却增长了 31%。在我国论文数快速增长的同时，也存在着论文质量与水平普遍较低的现实。从 1996 年 1 月至 2000 年 8 月，全国生物学类科研机构在 *Science Nature*、*EMBO Oumal*、*Cell*、*Genes&Development* 5 个期刊上共发表论文 42 篇，其中，我国作为第一作者或通讯作者的论文只有 9 篇。这期间，全国的 SCI 生物学论文（不包括国内被 SCI 收录的期刊）的影响因子平均为 1.58，中国科学院生物物理研究所发表论文的平均影响因子为 2.39，论文数总量年均增长 27%，论文的影响因子总量年均增长 21%，统计数据显示，论文的数量增长略高于论文质量提高的速度。

以申请专利数作为评判指标看生物技术的发展状况。

1996—2000 年，中国生物技术专利申请数与美国、欧洲、日本相比分别为 35%（33435/96499）、25%（33435/134351）、70%（334444）。这期间，中国生物技术专利申请数从 1996 年的 6567 件，上升到 2000 年的 11533 件，平均每年增长 21%。而美国 1999 年比 1998 年只增长了 0.1%，2000 年与 1999 年相比甚至出现了 4% 的负增长。

以产业的年销售额作为经济指标看生物技术产业的经济差距。

1996 年，美国生物技术产业的销售额为 101 亿美元，英国为 7.02 亿英镑，日本为 6552 亿日元，中国为 114 亿元人民币。但中国的生物技术产业在 1986 年的年销售额约为 2 亿元人民币，10 年增长了 50 多倍。

综上所述，可以看出，我国生物科技及其产业所处的历史方位具有以下特点：第一，起点低。多项指标占世界份额很小，远落后于发达国家。第二，成长快。多数指标的年增长率高于世界平均水平和发达国家水平。第三，潜力大。作为发展中的大国，中国生物技术及产业有较强的后发优势，发展空间巨大。

面临的挑战

具有创造活力的人向着最能发挥自身价值的地方流动。入世后，国家之间、单位之间的人为屏障将进一步减少或弱化，发达国家与跨国企业因具有资本优势、管理优势和文化优势而更容易吸纳优秀人才。而不同的科研环境对作为科研主体的人将产生不同的影响。邹承鲁先生曾生动地指出，把一个黑煤球投入一个旺火炉，很容易就会烧红，但是如果要从头生火，把一个黑煤球烧红就不那么容易了。有优良传统和积累的实验室就如一个烧热的煤炉，即使扔进一个新的煤球，也很容易燃烧起来。发达国家的科研环境就是一个烧热的煤炉，相对而言，我国的绝大部分科研院所正在从头生火。

在科研投入方面，美国从事生物学实验研究的研究组年均拥有 40 万美元左右的科研经费，这是我国大部分研究组所望尘莫及的。笔者对 2000 年跨国医药企业 R&D 投入最大的前 10 名企业做了统计，当年各企业平均投入 27.77 亿美元的研发经费，同年我国投入医、农的研发经费不到 180 亿元人民币。可见我国对生命科学与生物技术的投入量是远远不足的。

与此同时，生物技术产业面临的知识产权问题也十分严峻。生物医药方面，我国市场上国产的近 20 种基因工程药物中，只有一种药品具有我国自主的知识产权。生物农药的知识产权问题也与此相似，自主知识产权的新产品严重不足。

加入 WTO 后，随着关税的下调，进口产品的价格回落，凸显出它的性能价格比优势。就医药而言，进口医药关税将从 10% ～20% 降至 5.5% ～6.5%。由此引起的价格下调，增强了进口产品的竞争力，而加大了国产同类产品的价格劣势。同时，为了保护消费者的权益，政府限制药品的价格，一方面减轻了消费者的负担，另一方面却降低了企业的利润空间，对医药产业的发展也产生了不同程度的抑制作用。可以说，加入 WTO 后进口药品的关税下调对外企是良性的刺激，而国内药品的价格下调对国内的制药企业则是不良刺激。

发展机遇与对策

生命科学、生物技术、生物产业三者，构成了一个完整的体系。这一体系中，三者的关系日益密切，日趋统一。江绵恒副院长曾指出，在航天、计算机、半导体、化工、汽车、生物技术等八个产业中，生物技术产业对科学的关联度最高，关联系数为 6.13，关联系数最小的汽车制造业为 0.12。因此，当我们考虑生命科学的发展时，应联系到生物技术、生物产业的发展，反之亦然。美国是三者关系统一的表率。美国的生命科学论文数、生物技术专利数、生物产业的产值数等均居世界领先地位。美国国立卫生研究院的基金所支持的优先领域就是威胁人类健康的癌症、艾滋病、心血管病等几大疾病，他们的做法可理解为以最现实最紧迫的问题为目标，从最基本最基础的研究做起。同时，我们还可以看到，像塞莱拉基因公司（Celera Genomics）这一类的生物技术公司，投入上十亿美元的巨资做基础研究；而许多院校的系主任、实验室主任或美国科学院院士是生物技术公司包括上市公司的股东。

面对世界生物研究、技术开发及产业发展的趋势，我们应抓住机遇，做好以下工作：

（1）实施知识创新工程，实现知识的可持续创新。新中国成立以来，中国生物学界最受世界同行称赞的两项成果，当数人工合成牛胰岛素和酵母丙氨酸转移核糖核酸的合成，充分显示了中国科学家的智慧。但是，除了科学发展本身的机遇难以重复之外，不计成本的投入和艰巨复杂的组织工作都使此类工作难以为继。发达国家的成功经验告诉我们，要实现知识的可持续创新必须有体制和制度为保障。中国科学院实施的知识创新工程试点工作，正是在这样的历史时刻承担起这样的历史重任：在以往科技体制改革取得成功的基础上，充分借鉴发达国家成功的经验与模式，结合我国的国情，建立起现代研究院所制度，营造创新文化氛围，吸引和造就一支科技队伍，从而形成国家知识创新的坚实基地。只有有了制度与体制的保障，创新才是可续持的。

（2）创办生物技术孵化机构，建设国家技术创新体系。基础研究的主要驱动力是科学家的求知欲和好奇心，而技术创新的驱动力则是人们对超额利益、效益的追求。任何技术创新如果不与个人利益有紧密的联系都可能是没有活力或不具有持续性的。生物技术这样一门与生命科学基础研究关联度高的技术，如果没有政府或社会的鼓励与支持，很少有个人甚至单个企业能承担得起技术创新的全部风险。在发达国家和地区，出现了一批"民办官助"或融合了政府资金和企业或个人投资的孵化器。这些孵化器可以说是研究型的企业或企业性的研究机构。孵化器起着科研机构与企业间的桥梁作用，政府应当鼓励高水平的生命科学研究院所与企业、个人（技术持有者）共同组建孵化器。

（3）选择突破口，抢占制高点。与信息领域相比，生命科学与生物技术及其产业还未形成被少数几个发达国家垄断的局面。但是竞争在不断加剧，知识产权保护的副产品就是垄断趋势日益明显。我国作为资金相对不足、生物资源相对丰富的发展中大国，应当选择一些突破口，集中力量，达到和形成一些世界领先水平的生物技术及产业为国计民生甚至国家安全占领一些必要的制高点。突破口或制高点的选择应考虑以下因素：第一，既是科学前沿又是国民经济所迫切需求，同时又可得到有效的知识产权保护。集此三者为一体者当作首选，具备其二者次之，具备其一者再次之。第二，具备独特条件或比较优势且已有了一定的基础。前者为必要性，后者为可行性。国家有关部委在立项时应避免将项目做成大口袋，做成"人情拼盘""名人拼盘"，避免做永远正确但总是难以评判成败的立项。

（4）加大对生物科技的投入，为国家的长远发展储备潜能。从 20 世纪 80 年代开始，一些发达国家陆续加大了对生物科技的投入，如美国、日本、以色列等。尤其是以色列，有资料表明其对生物学研究的投入占基础研究总经费的 40% ~ 50%，与之相比，我国对生物科技投入的绝对量和相对量都很不足。目前，中国科学院对生物学的投入占各学科总投入的 14% 左右。对生物科技的投入还需更大的力度，才能在国际竞争的舞台上占有一席之地。

（5）筑巢引凤，建设国际先进的科技队伍。加入 WTO 后，世界范围的人才流动更趋活跃。改革开放后我国向国外送出了几十万留学人员，现在该是收获的金秋季节。近十几年，国内形成了相当的经济基础和物质条件，社会环境也在日益改善，吸引人才的宏观条件已基本具备。知识创新工程的实施，科技目标的明确，科技投入的增加，孵化器和生物技术企业的创办，为人才引进提供了体制保障、创业舞台和发展机会。人才引进应当而且正在形成这样的局面：大部分人完全回到国内建立实验室或企业，一部分人在观望和选择，一部分人留在国外依旧心向祖国。这三种人的互动与联系构成了我国生物学科研机构国际化和进入国际先进行列的捷径。

（6）像重视信息产业一样重视生物产业制定战略，使生物产业成为我国在 21 世纪中叶实现中华民族伟大复兴的战略产业。最近，日本政府已制定了"生物产业立国"的国家发展战略，明确在 2006 年前，对生物科技的投入要增加 4 倍，达到 2 万亿日元，从而提高生命科学与生物技术的水平。

政府在加大对生命科学、生物技术投入的同时，还应参照信息产业的税收政策制定生物产业的税收政策和价格政策；制定相关的投资与金融政策，解决应用研究与开发环节资金短缺以及其后资产增值问题。利用我国的文化特色和行政、宣传手段，加强市场管理和培育的力度：生物产业有自身发展内在的产业链，这就是知识创新、技术创新、产业发展间密切的、相互依赖的关系，具体体现在研究院所、孵化器或研发机构、企业三者间资金、资产技术、人才、地理位置等紧密的相互关系。

生物产业与其他产业有紧密的互动作用和关系。创业投资是生物科技与产业的天然盟友。2001 年，美国的生物产业产值 250 亿美元，而同期的股票市值达到 3300 亿美元。但我国几乎没有生物产业专业性的创投公司，应当积极想办法让其他国家和地区的创投公司加盟进来。如我国台湾地区的诚信创投就是一家生物产业专业性的创投公司。经过创投的培育与催化后，生物产业当迅速进入资本市场，特别是创业板，形成生物产业链的良性循环，使科技人员不再是孤立的创新者，而是有千万名股民支持的新经济的先行者。

主要参考文献

[1] 周永春．迈向二十一世纪的生物技术产业．北京：学苑出版社，1999.

[2] 邹承鲁．科学研究五一年的点滴体会．内部发行，2001.

[3] 中华人民共和国科学技术部．中国科技统计数据，2001.

[4] 侯书森，张婧妍（主编）．入世后的中国．长春：吉林人民出版社，1999.

[5] 日本确定"生物产业立国战略"参考消息，2002 年 10 月 15 日第四版.

（原载于《科技与社会》2003 年第 1 期）

中国生物产业的现状及发展对策

摘要　文章主要论述了中国生物技术产业的现状，分析了发展生物技术产业的优势，概括为：广大的市场、丰富的资源、悠久的文化传统、有相对优势的知识产权、有潜力的研究队伍和优惠的政策；还讨论了存在的问题：缺乏强有力的内行投资人、技术持有者错位、界定不清的知识产权、不够成熟的技术以及市场不够规范，文章最后对生物技术产业发展提出了一些对策。

关键词　生物技术　产业　对策

中国的生物技术研究起始于 20 世纪 80 年代，现在总体水平仍落后于发达国家，有人估计落后 5～10 年。从生物产业发展情况看，1986 年其销售额大约是 2 亿元人民币，1996 年大约是 114 亿元人民币，可谓是起点低、成长快。生物医药企业的成长可以看作是生物技术公司成长的缩影。医药行业尚未成为我国国民经济的支柱产业，但是最活跃的产业。其资产占全国各产业总资产的 1.87%，却实现了各产业总利税的 2.47%，利润的 4.42%，居各行业前列。过去 10 年，医药工业年均增长大约在 18%，比同期工业总产值增长率高 8 个百分点左右。继 1982 年世界上第一个基因工程药物重组人胰岛素在美国问世以后，1989 年我国拥有了第一个自主知识产权的基因工程药物重组人干扰素 alb。到 20 世纪 90 年代末，我国国产商品化的基因工程药物达 15 个左右；基因工程疫苗达 10 个左右；生物工程诊断试剂盒达 100 多种；转基因植物达 10 件左右。生物农药、生物肥料等生物工程产品陆续问世。

我国现有生物技术公司 300 多家，也呈现出高收益、高增长的特点。以生物医药公司为例：在全国 6300 多家医药企业中，截至 1999 年年底，深沪股上市的医药企业共 47 家，其中一直从事医药行业的有 38 家。对这 38 家上市公司统计分析表明，每家上市公司平均主营业务收入为 3.27 亿元，主营业务利润为 9400 万元，主营业务利润率为 38.6%，居深沪股市各行业之首。平均每家上市公司的净资产收益率为 5.4%，远远超过深沪两市 3.7% 的平均水平。在这 38 家上市的医药公司中，主营业务利润率和净资产收益率最高的是生物医药企业，其增幅在 100% 左右或以上。

中国生物产业发展的优势

第一，市场优势。中国在全球经济中最大的比较优势莫过于市场优势。生物产业横跨医药、食品、农业、化工、环保等若干产业，这些产业新的增长无不依赖于生物技术的创新。这些产业所覆盖的消费市场，是中国迅猛成长着的市场。医药消费市场的变化说明。中国医药消费增长加速，但与美国、日本相比，还有巨大的成长空间。我国每年人均药品消费水平 1993 年为 54.17 元，1994 年为 66.67 元，1995 年为 88.33 元，1996 年为 100.12 元，1997 年为 116.86 元，平均每年增长 16%。但是，此消费水平仅为日本的 1.6%，美国的 2.3%。中国人口众多，又处在发展之中，其市场空间之大可以想象。食品行业是我国国民经济的支柱产业，是关系国计民生的产业，其产值居全国各产业之首。食品产业的上游是农业，农业的产品往往是食品工业的原料。在美国、日本，农业产值与食品工业产值之比分别达到 1：3.7 和 1：2.8，而中国此比值大约是 2：1，这意味着食品工业的市场有近 10 倍的成长空间。现在中国农民收入低，与农业产品的附加值低密切相关，而农业产品附加值的提高，出路在于包括生物技术在内的新技术提高食品的质量、档次，从而提高价值。

第二，资源优势。中国如不考虑人均数量而从绝对数量来说，可谓地大物博，就医药资源而言，我国可供药用的植物、动物、矿物达到12807种，其中，已发现有药理活性的化学成分有761种，我国是农业大国，丰富的农产品是食品工业的原材料。目前，全国农产品的加工量不到总产量的10%，大部分农产品原料未能转化成高附加值的产品，这样，农产品资源不但量大，还价廉。发达国家与我国的食品结构相比，有明显的四大特征：一是精加工食品多，二是方便食品多，三是保健食品多，四是名牌食品多。我国食品工业资源丰富，但科技转化率仅20%，技术进步对经济增长的贡献率约30%。如何充分利用资源并产生效益，生物技术尤为重要且有无限商机。我国不仅有960万平方千米的土地，还有辽阔的海洋经济专属区，海水养殖年产量已近一千万吨。我国丰富的海洋资源为生物工程、生物产业发展提供了丰富的原料来源。

第三，文化传统优势。中国五千年文明，为后人积累了丰厚的文化遗产，为今天我们发展生命科学、生物工程和生物产业打下了良好的基础。首先是哲学遗产，整体、辩证的思想方法论，曾经创造了古代文明的辉煌，今天又与当代科学的思维产生了共鸣，为我们揭示后基因组时代和脑科学时代的许多复杂性提供了有利的思想方法。如：蛋白质组工程强调的是某一蛋白质与其他蛋白质之间的关系，研究的重点是局部与整体的关系，神经活动的物质基础是相互关系错综复杂的神经细胞所构成的网络，而认知活动很可能遵循先整体后局部的法则。药物作用的机理在很多情况下可能是一组分子群共同作用的结果，犹如中药"君臣佐使"的配伍规则。其次是中医中药，祖先们做了五千年的临床试验留下了宝贵的资料。我们今天利用这些资料，发现了天花粉蛋白、青蒿素、蚓激酶等多种新药。

第四，知识产权相对优势。与信息产业相比，中国生物产业的知识产权状况要乐观得多。中国参与了人类基因组计划，使中国人能自豪地享用这一人类社会共同的知识与资源的宝库。尽管发达国家及其大公司意图抢占功能基因，蛋白质的专利，但是他们目前所占有的只是很少一部分，远未能形成垄断，暂时不会对我们生物产业的发展构成威胁。其他生物工程领域的知识产权竞争虽然十分激烈，但也毕竟未形成"一夫当关，万夫莫开"的局面。但是，对生物工程、生物产业领域知识产权的争夺，我们要有严重的危机感、强烈的责任感和紧迫感。

第五，人才潜在优势。全世界生命科学、生物工程、生物产业最发达的国家是美国。从1995年各学科出版物产出的世界份额看，北美（主要是美国，下同）占基础生物学的44.2%，居第一位；占医学的40.6%，居第二位；占应用生物学/生态学的40.7%，居第一位。而中国所占比例分别是0.4%、0.7%、0.7%，居倒数后三位。这从一个角度说明我国生命科学领域的薄弱。但是，改革开放后，我国有一大批青年人留学美国。其中许多人已是美国生物学界的佼佼者。据估计，在美国现有中国改革开放后留学并留下的约十几万人，其中仍做学问的约5万左右，5万人中获助教以上职位者1000多人，生物学的人数占1/3左右。有统计资料表明，1985年，在生物学最权威杂志《细胞》上所发表的论文中，中国作者（在美国）占4.59%，而1995年，此数字已高达35.61%。在美国的中国学者，绝大多数是爱科学爱祖国的，由于种种原因，他们尚未回国。如果以合适的方式，既不妨碍他们的学业，又能让他们的所学在国内能有所用，且能表达他们自己的价值，这将是中国生命科学、生物工程、生物产业发展的一支重要力量。

第六，进入资本市场的优势与行业政策优势。生物工程作为一种高技术，生物产业作为一种高技术产业，向来受投资者欢迎，特别是受股民的欢迎。目前，酝酿中的股票第二交易系统特别看好高科技企业，这正是生物产业发展的历史良机。第二交易系统是新经济的标志，其生命

科技与经济结合的实践与思考

力就在于它能将旧经济中破坏性的"过剩"转换成对创新的建设性支持，这也正是生物技术企业成长所需要的机制。第二交易系统的设立，必将催化和促进生物产业的发展。同时，生物产业作为高技术产业，受到国家优惠政策的扶持，享受减免税，并可争取其他物资上和道义上的支持。

中国生物产业发展存在的问题

第一，投资者不到位。美国绝大部分生物技术公司是由创业投资者与技术持有者组建的。在我国，转向投资生物产业的有钱人不少，但是绝大多数人都缺乏对生物产业的了解，缺乏长远眼光和风险意识。很多投资者简单地把技术持有人当作银行，要求投资后定期产生不低于贷款利息的回报，或者产生"短平快"的投资效益，投资者就是要简单的出钱与收钱，这是一类投资者。还有一类投资者，他们多数是上市公司或者直接或间接地控制着上市公司，他们投资的目的往往是炒作概念，雷声大，雨点小，投资者得暴利，技术持有者得微利，对生物产业的成长没有很大帮助。再有一类是风险投资公司或创业投资公司，他们有专业水平，但他们在很多情况下为了保证投资利益最大化，只投很成熟的项目，投资后迅速上市，上市后立即退出。他们往往跳过有限责任公司的成长期，投资就是成立股份有限公司。以上三类可能是目前投资者中的多数。

第二，技术持有者错位。科技人员长期钻研自己的业务，特别是在计划体制下，对市场接触少，了解少，很容易形成一种价值观：重基础研究，轻技术开发；重技术轻管理。这样，技术持有人容易误判，错误地把自己的基础研究进展判作成熟的技术；错误地夸大自己的角色，往往把自己既当作CTO（总工程师或技术总监），又当作CEO（总裁），即便是已定位CTO，但容易越位而发生CEO的行为。这并不是排后或否定一人兼CEO和CTO，而是提醒不具有管理知识和素质的CTO，不要把管理不当学问。我们可以看到，一些公司的 CTO 兼 CEO，实际上他 CEO 的角色并不称职，但夜郎自大，自我感觉良好，实际上耽误了公司的发展。还有的情况，CTO 越位，与 CEO 争权甚或分型公司，既不利人也不利己。

第三，知识产权不清不实。科研人员多数情况下是凭自己的兴趣而开题和进行科研的，对相关技术的专利情况重视不够，既不注意保护自己的知识产权，也不注意避开他人的知识产权，一旦要实现技术的产业化，往往容易遇到知识产权的障碍。特别是进入 WTO 后，由此带来的知识产权保护规则的变化，多数科技人员可能尚未有足够的认识。知识产权不实，可能有两种情况，一是技术发明人夸大自己的作用或隐瞒真相，把自己当成技术所有权人。这类人曾在科研院所工作过或还在工作，只是背着技术所有权人，一旦真的技术所有权人发现这种情况，就会发生法律纠纷。二是技术所有权人或单位忽略技术发明人的作用与利益，在实施技术转移时，不考虑对技术发明人实行激励政策，或利益分割不合理，致使发明人积极性不高，责任性不强，项目难以推进。

第四，技术不成熟，相关信息不全。由于科研人员的科研工作开始时多数不是按企业的需求做的，所以，往往没有按有关产业的标准、规则办事。常见的情况是，开发新药的人员，没有按申请新药证书的程序做工作；开发保健食品的人员，没有按申请保健食品证书的要求做，开发农药或育种技术的人员，没有按其行业标准做。科研人员所持有的技术，往往是实验室的技术，甚至也取得了一些临床资料，或大田试验的资料，但不系统不规范，要取得相关证书，还要从头做。科研人员只顾做技术，也不管技术的经济分析，往往是有一项孤零零的技术，没有相关信息，更谈不上项目的可行性研究报告。市场容量、成本、价格、赢利预测等都不清楚，这些都给投资者决策带来不确定因素。

第五，市场有待进一步发育完善。现在国产生物产业产品的市场，经常受到假冒伪劣产品和进口产品的冲击。前者是由于市场秩序尚不健全，不法分子从中渔利。假的不法，真的难存。后者是由于外国进口产品技术质量上的优势，资本上的优势，形成了品牌上的优势，甚至形成消费观念上的优势，即认为只要是进口的就必然是好的。国产生物技术产品要在人们的心目中取得"洋货"的地位，可能还有待时日。一方面要在质量价格比上显出真功夫，另一方面也需要消费者爱国情怀的理解与支持。

关于对策的思考

我国在加入 WTO 后，生物产业将在国际竞争的压力下发展。迄今为止，尚未有某一国在生物产业领域形成强大的国际垄断地位，但是，世界各国都在争先恐后地发展。面对这样的挑战与机遇，我国生物产业的发展应考虑以下对策：

第一，政府应进一步重视与扶持。

我国政府应当像重视信息产业一样重视生物产业。借鉴西方发达国家的政府行为，制定政策，采取措施，整合我国的优势，克服我国的劣势，形成合力，实现跨越式的发展。

1. 成立全国性的、跨部门的领导机构，成立全国性的行业协会（如美国的生物产业协会 BIO），加强对生物产业发展的宏观指导与协调，促进生物产业的发展。生物产业与传统产业既有密切联系又有严格区别，而且涉及的领域与部门较多，包括农业、医疗、制药、环保、化工等，生物产业的发展还可能引发现行法规调整。2. 加大对生命科学、生物技术的投入。在美国，即使在企业加大投入的情况下，政府仍加大了对生命科技与技术的投入比例。在以色列，生物学研究的经费投入占基础研究总经费的 40%～50%，生物学领域的科学家占科学家总数的 35%，生物学的 SCI 论文占基础研究论文总数的 60% 左右。从我国现行的投资于各学科的资金比例看，生物科学仍只是一门普通的而非重点的学科。3.建立相应的税收机制。一是使产业像用工产业一样享受更优惠的税收政策，二是针对一些高利润又有害于健康和环境的产业征收生物医学税，以此项税收建立相应的基金用于生物医学的发展。

第二，建立新型的研究基地。

鼓励基础研究机构与大企业共建企业机制的生物技术研究机构。在这样的机构里，使生命科学、生物技术、生物产业的上中下游形成更有活力的结合。

第三，筛选并抢占生物产业发展的制高点。

生物产业的发展高度依赖于生物技术乃至生命科学的研究。找准一些国际上尚未形成知识产权垄断但又是生物技术的前沿问题，组织力量，争取在这样的点上突破，形成属于我国知识产权的局面，如基因载体技术、蛋白质组研究等。另一方面，针对一些外国专利保护期已过但国内仍然较新颖又有市场的技术，组织力量。

第四，更加灵活开放地吸引和使用人才。

我国基础研究水平的整体提高尚需较长的时间，而我国可采用更灵活、更开放的政策吸引那些在发达国家已完成基础研究重要积累的人才回国，投身于生物技术与生物产业的创业。不要求其人完全回来，只要其技术能完全移植回来；不仅要给其为国服务的名，而且还要给其创业的利益回报。

如果我们的政策与措施有力、及时，我国的生物产业完全有可能成为我国的优势产业。如果说，信息经济最先光顾和钟情于西方工业发达国家，那么，生物经济的阳光将洒向东方农业大国这片沃土。在这片沃土上寄托着中华民族伟大复兴的希望！

（原载于《国际技术经济研究》2002 年第 3 期）

新经济在中国的崛起及影响

近一个时期以来，从权威专家到普通老百姓都经常谈起一个名词，即新经济。在多数情况下，专家只谈论新经济现象，而不涉及新经济的定义和理论，也许这是因为新经济现象的客观事实比较清楚，而其定义和理论带有太多可争议的问题。比如，有位国内外享有盛名的专家在接受中央电视台采访时指出，新经济就是以信息产业、生物技术产业、新材料产业为核心内容的知识经济。笔者认为这种说法是不全面的，至多只能说这是对经济表象的罗列。

新经济的创始者是美国，之所以称为"新"经济，是因为其改变了"旧"经济的某些本质特征。主要表现在：首先是主流经济学家描述经济增长的理论失灵了。传统的柯布——道格拉斯生产函数表明，经济的产生取决于所使用的资本和劳动力的数量，而且，资本和劳动力翻番则产出翻番，而增资不增人或增人不增资时，则产出增长递减。但是，此理论解释不了近年许多国家的经济现象。1983 年，美国加利福尼亚大学伯克利分校保罗·罗默教授发表了一篇权威性论文，把知识作为一个生产要素。他提出，生产要素有四：资本、非技术劳动、人力资本（按受教育时间长短衡量）、新思想（可按专利数衡量）。新理论非常突出地强调了知识是提高投资收益的要素，而且承认良性循环的可能性，即投资促进知识，知识促进投资。这一理论合理地解释了美国和其他国家的经济现象。

其次，新经济不再遵循"旧"经济的周期律。自 1857 年发生第一次世界经济危机至第二次世界大战爆发前，总共发生了 11 次世界性经济危机，即 1857 年、1866 年、1873 年、1882 年、1890 年、1900 年、1907 年、1913 年、1920 年、1929—1933 年和 1937 年。每一周期的平均长度为 8～10 年。"二战"后，美国发生了 9 次经济危机，即：1948—1949 年、1953—1954 年、1957—1958 年、1960—1961 年、1969—1970 年、1974—1975 年、1980 年、1981—1982 年、1990—1992 年。1945—1980 年的 7 次危机的平均周期为 5 年。但在克林顿执政的 8 年来，美国的经济持续增长，失业率、通胀率保持低水平。

我们怎样认识新经济呢？笔者以为新经济的本质是科技创新和资本运作的紧密结合，这种"聚变"的结果是使投资通过资本增值而得到迅速、巨大的回报。新经济特征性的运行方式是股票市场的第二板块的创立及其运作。如果说新经济在中国崛起的标志是什么，那就是即将设立的中国股市第二板块。

新经济在中国崛起将产生哪些影响呢？

第一，它将极大地促进中国经济量的增长和质的提高，将像暴雨一样涤荡传统产业而像春风般吹拂高新科技产业。它将拉动投资并使投资趋向新的甚至未来的产业，促进产业结构调整，促进产业由第一、第二向第三产业转移。

第二，它将比行政号召更有效地刺激科技创新，使科技人员在预期赢利的激发和驱使下积极地投身科技创新活动。在此作用下，科技机构、科技人员将重新排序，促进科技体制的改革并形成新的适应市场经济的科技体制。

第三，它将使价值规律在分配领域发挥固有的作用（迄今为止价值规律在社会生活中仍被扭曲），原来的平均主义色彩的工资体系将被弃置。

第四，人们的价值观念、价值取向将发生改变，重视科技、投身创新将成为更多人的自觉行为。

第五，有可能进一步拉大地区间、个人间的贫富差距。

总之，不论我们怎样看待新经济，新经济的确来了。它就像一束亮光，不论我们是否能看清其光源，也不论我们是否欢迎它，它都会从遥远的地方迅速地来到我们身边并给我们带来光和热。

（原载于 2000 年 5 月 28 日《科学时报》）

"知识创新工程"与科技评价体系

实施"知识创新工程"是我国建立自己的创新体系的一项战略措施。国家在财力不宽裕的情况下已拨出专款支持中国科学院实施"知识创新工程"。现在，全国上下关注着中国科学院如何回报国家的这一支持。这就产生了一个问题，即如何建立起"知识创新工程"的评价体系，评判"知识创新工程"的良莠成败。

我们认为，可从以下四个方面进行衡量：

是否建立并实施现代研究院所制度。"知识创新工程"是以往科技体制改革的继续与深化，建立现代研究院所制度是科技体制改革的目标之一。

现代研究院所制度，是以发达国家成功的科研院所制度为模式建立的、与我国国情和现代化进程相和谐的研究院所制度。其主要内容包括理事会制度，最高年限制度，年度预算拨款制度，评估制度等。一个研究院所是否真正建立并实施这些制度，不仅要看这些制度是否见诸文字，更主要的要看其是否付诸实施并进入"开放、流动、竞争"的状态。而"开放、流动、竞争"是可以被量化的。

是否具有一支在国际上本学科内有影响的研究队伍。判断一个科学家是否为一个真正高水平的科学家，主要是看他在国际本学科核心刊物或权威学术刊物上发表研究论文的情况，而谨防被他的所谓社会知名度或自我表扬等表象所迷惑。实施"知识创新工程"，要聚集一大批高水平的科学家，必须去伪才能存真。

是否具有一个"安、钻、迷"的科研环境。科研环境包括"硬"和"软"两个方面。"硬"的方面，诸如园区建设、基础设施、支撑条件、后勤、保安等。"软"的方面，包括诸如科学文化、学术氛围、科研道德。一个成功的科研院所必须有一个优良的文化传统。到过国际上著名的科研院所的人都会有同样的感受，在那样的环境里，除了做科研不再会有其他的顾虑。实施"知识创新工程"，一个优良的科研环境是不可或缺的。

是否做出了高水平，高效益的科研工作。新时期以来，我们的科技评价体系仍带有计划经济时代的特征。这些评价体系确实发挥过积极的引导、促进作用。但是，目前，又有其历史的局限性。

不同性质的科技工作，要用不同的评价标准给予客观评价。基础研究工作的定量评价可有以下几个指标：1. 一个研究院所单位时间里发表 SCI 论文数。2. 一个研究院所的论文影响因子当量。在这里，我们提出这个概念，旨在统一论文的数量和质量。论文影响因子当量是指一个科研院所一年的时间里发表 SCI 论文影响因子的总和。3. 效益指数：以 SCI 论文数或论文因子影响因子当量为产出，以科学家和科研经费为投入，可算得投入产出比，即效益指数。基础研究工作的定性评价，主要是看其工作是否在本学科的国际同行中产生了重要影响。如生物学界的牛胰岛素人工合成，酵母丙氨酸转移核糖核酸的人工合成，就是这样量级的工作。

应用研究有其定量的评价标准，这主要包括自主的知识产权量，如专利数；包括其产生的经济效益的数量，如销售额、利润、创造的就业机会多少等。其定性的评价标准，就是看该工作多大程度上解决了经济增长、社会发展或国防建设中的问题。

（原载于 1999 年 2 月 13 日《人民日报》）

试论中国近代衰弱的根本原因

1840 年的鸦片战争是中国人刻骨铭心的历史里程碑。从那时起，中国沦为半殖民地半封建国家，遭受帝国主义列强的侵略与欺辱。也因为这样，人们通常将中国近代衰弱的主要原因归罪于列强的侵略。笔者窃以为，历史事实非也。

中国在古代是世界上强盛的文明大国，这一点恐无人非议。那么，强盛保持到了什么时候就完结了呢？或者说强盛的最后记录是什么呢？笔者认为，中国古代强盛的最后记录是郑和下西洋。1405 年到 1433 年这 28 年间，明朝初年的郑和率领船队七次下西洋，访问了三十多个亚非国家。若以郑和下西洋和哥伦布发现新大陆做比较，就会发现二者间有以下明显的让人深思的不同点：郑和与哥伦布航海相比，时间早半个多世纪（哥伦布于 1492 年 8 月 3 日从西班牙的巴罗斯港启航），规模要大很多（郑和船队共 20 多艘船，2 万多名随员，而哥伦布船队共三艘船，87 人），航海技术要高很多（郑和最大的船，长四十四丈四尺，宽十八丈，有十二面帆，八支大槽，有航海图、罗盘针，可乘一千多人；哥伦布最大的船为 120～130 吨，可乘 30～40 人），但对历史的作用要小很多。郑和航海外国学者称"莫名其妙地开始又莫名其妙地结束了"，而哥伦布发现新大陆却激发了你追我赶的海外殖民地开发。

中国由强盛走向衰弱经历了一个较长的过程。但如果一定要找出一个由强盛至衰弱的历史曲线的拐点，那么，这个拐点的时间便是 1511 年，地点是马六甲。马六甲原属泰王国的领地，于 140 年前后，由一位流放的苏门答腊（印尼西部一岛）王子占山为王并命名为马六甲。该王子为摆脱泰王国的统治，刻意与中国交好，与明朝建立了密切的联系。明朝将一公主嫁于马六甲的首领并随嫁500名随从，马六甲认中国为宗主权国。此事发生在郑和下西洋之前。马六甲确因此获得了平安。但好景不长，1511年，葡萄牙海军上将阿方索·亚伯奎率领舰队进攻马六甲，马六甲当地人以长矛、弓箭抵抗，终致失败。马六甲首领（苏丹）和大臣们落荒而逃，并派人到北京控告欧洲人的凶暴与野蛮。此时和此后，作为宗主权国的中国未做出有效的反应。1513年，葡萄牙人在澳门取得了设立货栈和居留地的权利。可以这样说，中国作为一个有机体，在1511年就落下了病根，病犯"营卫"，而1840年的鸦片战争是此病的延续和恶化，病入膏肓了。

中国从最后的辉煌即郑和下西洋的15世纪到最衰弱的谷底即发生鸦片战争的19世纪末这段时期内，是怎样由强盛走向衰弱的呢？我们如果将中国和西方历史做一比较就会发现，西方在这一时期发生了两件西方独有的事件，这便是资本主义制度和近代科学的诞生。

1640年至1689年，在英国首次实现了人类历史上由封建主义社会向资本主义社会的进步。而相应时期的中国，只是换了王朝更迭了皇帝，明朝换成了清朝。

1687年，牛顿完成并出版了巨著《自然哲学的数学原理》（以下简称《原理》）。这一巨著的诞生，宣告了近代科学的诞生。近代科学在英国孕育了人类历史上的第一次产业革命，第一次产业革命给英国带来了火轮、大炮，这一切都为英国成为最早最强的帝国做了最及时最有力的准备。牛顿的《原理》一书并非从天上掉下来的，它是经过牛顿的天才劳动从《几何原本》脱胎而来。可以说，没有欧几里得的《几何原本》就没有牛顿的《原理》。《几何原本》在西方孕育了近代科学，而在中国却受到了冷遇。明朝的徐光启在利玛窦协助下翻译了此书的一半，他说等有空时再翻译。一等等了 200 多年。清朝末的数学家李善兰翻译了剩下的一半。当这一近代科学的母体在中国灰头土脸未被认识时，这一母体的子代及其子代已化作炮火、枪弹打在了中国人的身上。这是否也属报应呢？

以上史事足以让我们认识到：社会制度的创新使西方得以抢先把贪婪的眼光投向全世界，而科技创新使他们得以伸出有力的双手实现他们的野心。这样的结果就是侵略和扩张。而没有社会制度创新和科技创新的国家就是他们的猎物。中国从 15 世纪至 19 世纪的 400 多年时间里，之所以由强盛跌至衰弱，根本原因就是缺乏社会制度的创新和革命性的科技创新。

（原载于 1999 年《自然辩证法通讯》）

我们都来做生物科技人

生命科学是当前最为活跃的学科。在 SCI 收录的全世界 4623 种刊物中，影响因子最高的前 50 种刊物中的 86% 为生命科学的刊物。不仅如此，生物学与其他学科交叉形成的交叉学科是各学科中最多的。

生命科学的终极目标是认识和解决生命本身的问题。因此，生命科学是应人类本身的许多需求而诞生、发展的。由于这种需求与日俱增，还由于科技本身的许多方法、手段的改进，生命科学的基础研究、应用研究、开发、生产之间的距离日益缩短。以致在绝大多数情况下，我们可能不得不用生物科技一词来替代生命科学及其技术所涵盖的内容。在全世界范围来看生物科技的产业化将越来越广泛和深入地作用于社会发展和经济的增长，以至我们的日常生活。

基于以上认识，我们可以说，人类正在走向生物科技时代。

生物科技中的基础研究非常重要。它是生命科学应用研究、开发及其产业化的源头。当前，生命科学基础研究最活跃的前沿主要包括：分子生物学、细胞生物学、神经生物学、生态学。当今许多时髦的名词和热门话题都出自这些领域，如基因组学、蛋白质组学；人类基因组计划、后人类基因组计划；克隆羊、克隆鱼；"脑的十年"、生物多样性等。相应的应用研究或技术研究也正趋于成熟并逐步普及，如生物工程，即基因工程、蛋白质工程、发酵工程、酶工程、细胞工程、胚胎工程等。生物工程或生物技术已成为科技和经济共同拥有的名词，它既是热门学科，又是朝阳产业。但是，生命科学应用研究范畴远不止于生物工程，此外还有诸如天然药物的分子设计、动植物有效药用成分的提取、生物物理技术等。

生物科技在产业上的表达，主要表现在医药、保健品、食品、农业、环保、精细化工业和新材料等领域。医药包括天然药物、化学合成药物、基因药物和生物制品，无不是生物科技的产品。多种保健品、高营养价值的功能食品也都无一例外地依赖于生物科技的开发。农业、畜牧业、水产业的优质增产，生态环境的保护，生物科技及其产业都在其中发挥着主导作用。生物物理与生物化学的手段还为新材料的制备提供了重要的新手段。

生命科技太重要了，因此生物科技不能也不会仅仅属于研究生物科技的人。我们理应全社会重视生物科技的基础研究，要迅速推进生物科技产业特别是要迅速推进我国自主创新的生物科技产业化。我们能否有自主创新生物科技产业，直接关系到中华民族子孙后代的生存和发展，关系到千秋大业。产业化需要良好的市场环境和健康的市场需求，这样就能形成研究与市场之间的良性循环。这就要求全社会特别是生物科技产品的使用者们要有科技意识，要有科技素质，要有科技的鉴赏力，不仅是生物科技的享用者，还应是生物科技发展的推动者或拉动者。

（原载于 1999 年 10 月 16 日《科学时报》）

试论边缘效应

边缘,是事物的边界状态,度概念的具体赋值。事物处在边缘状态即呈现出不稳定性、不规范性和模糊性等性质。边缘状态的这些性质必定会进一步发展而产生三种可能的结果:转变为 A 质,转变为 B 质,转变为非 A 非 B 的 C 质。这就是边缘效应。

边缘效应的存在具有普遍性。就其类型来说,包括时间上的边缘效应、空间上的边缘效应和事物变化规律与机制的边缘效应。这些边缘效应的例子可以说俯拾皆是,不胜枚举,以下仅举其中一些以窥一斑。

在生命现象中,青春期和更年期是人生过程中的边缘状态,处在这两个时期的人,在生理上和心理上是不稳定的,有很多新的变化,波动较大。如果处理得当,可平稳过渡到下一个时期,处理不好则可影响健康。在细胞周期中,在 G_1 期向 S 期转移的边缘和 G_2 期向 M 期转移的边缘都存在一个"关卡",如果细胞通过这两个关卡,细胞周期就能运转起来,如果被这两个关卡(特别是 G_1—S 关卡)卡住,则细胞不能进入细胞周期而进入 G_0 期。这种边缘效应可加以利用,以人为控制细胞增殖。在生物分子中,处于过渡态最不稳定,作用能力很强,既可引起细胞和机体的损害,也可增强机体的某种能力。利用此性质可人工制备某些过渡态分子用于研究目的或医疗目的。发育是一个严格的时间过程,不同生物具有各自的时刻表,在这些时相转换的交替时期,不同基因的表达状态不同,代谢状况也发生强烈改变,正是由于这些改变,推动了发育的进程。

空间上的边缘效应对生物医学具有重要意义。例如胃肠黏膜属这些组织器官的边缘，对外来及内在因素的反应敏感，掌握不好易引起损害。细胞表面是细胞的边缘地带，具有流动性，在这个地带分布着细胞"天线"、受体和通道等特殊成分，能灵敏地对细胞外的生物信息作出反应并影响细胞的行为。20世纪90年代以来，纳米生物学蓬勃兴起。纳米是介观区域（即介于宏观尺度和微观尺度之间）。现已知道，在介观层次，物质的许多生物学性质发生了改变，如分子中某些介观区域的改变或不均一，可引起整个分子性质和功能上的改变。这一性质很重要，利用这一性质，可用扫描隧道显微镜和原子力显微镜对生物分子进行拆卸、改造和装配，从而制造具有新功能的分子（包括核酸、蛋白质和药物等）。有人预测，正如20世纪三四十年代核技术开发了物质潜在的能量，使单位质量物质的爆炸力增加了百万倍一样，纳米生物学将可开发物质潜在的信息和结构潜力，使单位体积物质储存和处理信息的能力提高百万倍以上。所以纳米科技将成为信息科技时代的核心，一旦进入全面发展和应用阶段，目前处于巅峰地位的基因工程技术可能会变得相形见绌。

事物变化规律和机制的边缘效应更为丰富多样。以医学这个学科领域为例可说明之。大家知道，20世纪60年代之前，医学模式为生物医学，生物医学围着"病"忙碌了千百年，仍不尽如人意，后来逐渐认识到医学原来是研究生物的、心理的和社会的因素综合内容的一门科学，这就把医学推到了边缘科学的地位上，使医学研究上了一个新的台阶。作为医学中一个很重要的概念——健康，也不再是生物学意义上的概念即以有无疾病来判断是否健康，而是一个边缘意义上的概念即健康不仅是身躯无病，还是心理上和社会上的完满状态。由于这一新概念的确立，使医疗保健的观念也随之改变。现在至少可以期待，医学欲给予人类健康，可在三个方面进行突破，首先要确立"健康医学"，它是将理论医学、心理医学、临床医学、预防医学、康复医学、行为医学、社会医学和技术医学综合起来的分支边缘学科，给人们一个正确全面的健康和保健的思想。其次要建立"保健体系"，支撑这个体系的两个支点是"自我保健"和"医疗保健"，它们要让人们认识到，自己的健康单靠医生和药物是不能得到保证的，必须努力创造良好的自然、社会和家庭环境，采纳科学的饮食结构，保持乐观的精神状态，进行适当的运动和锻炼。自我保健最根本的一点是要认识到医学的不完善和医生能力的有限性，要靠自己驾驭自己的生命，其关键在于适应环境。最后，是重视"预防体系"，它以预防医学和"大卫生"组成立体屏障，把疾病拒之门外，防患于未然。以上几方面的深入发展，有可能使医疗保健发生根本性转变，即由"医疗"向"保健"转变和由"医生为中心"向"保健为中心"转变。

在生物医学中，目前最有活力和最有发展前景的学科领域几乎都是边缘学科，如分子生物学、神经生物学和发育生物学等。

边缘效应是对立统一规律的补充。对立统一注重事物发展的结果，事物发展的两个极端，而边缘效应着重于事物发展的过程。对立统一固然重要，边缘效应亦应有其一席之地，正如选票设计，反对票和赞成票有之，弃权票也该有之。

边缘效应与中庸之道和折中主义有何关系？中庸，就其含意与来源可分为两种，一种是孔孟之道的中庸，"不偏之谓中，不易之谓庸"。"中"，封建社会秩序，"庸"，三纲五常之道，同时也叫人凡事要恰到好处，不走极端，显然这是一种处世哲学。另一种是亚里士多德的中庸（mesotes），指不偏不倚，处在两个极端的中间。亚氏认为人的一切行为可分为过度、不及和适中三种情况，他赞赏适中即中庸。他还由此推论，国家由中产阶级统治最好。由上可见，两种中庸都属边缘效应的范畴，当把中庸用作处世方法时，是对边缘效应不稳定性、不规范性和模糊性的利用，不失自私、贪婪和消极之功效，但以中庸的观点认识事物时，是对客观存在的一种认定和反映。不论我们对此褒贬与否，中庸是客观存在的。

折中主义（ektektikos）与中庸之道不同。折中是把各种不同的观点无原则地拼凑在一起。折中主义是一种哲学流派，与边缘效应无关。

边缘效应是客观存在的，我们当正视之。

（原载于 1996 年 3 月 1 日《医学与哲学》）

培育和发展"液态阳光经济"

"液态阳光经济"的由来及其意义

(一)"液态阳光经济"的由来

2015年12月12日,在巴黎,全世界200多个缔约方一致通过并签署了《联合国气候变化框架公约》,《巴黎协定》对2020年后全世界应对气候变化做出了安排。这是人类历史上的一个里程碑,标志着人类社会发展进入了绿色发展的新时代。2020年9月22日,习近平主席在第七十五届联合国大会一般性辩论讲话中表示,中国确定了2030年碳达峰和2060年碳中和的双碳目标。

在绿色发展时代,我们的能源靠什么?

2018年9月19日在国际著名学术刊物《焦耳》杂志上,时任中国科学院院长、中科院院士白春礼等学者联名在线发表了一篇论文《"液态阳光"有望驱动未来世界》。"液态阳光"是什么?作者提出,如果人类想要获取、储存及供给太阳能,关键就在于如何将其转化为可储存、可运输、低成本、高能量的化学燃料,如绿色醇类燃料,主要就是甲醇。因此,"液态阳光"就是绿色甲醇,简称绿醇。绿醇来自绿氢与二氧化碳的合成。绿氢来自水的绿电电解。绿电包括光伏发电、风电、水电、地热发电,也可来自核电。二氧化碳来自工业废气排放的收集。液态燃料的运输和配送并不困难,在对现有的基础设施和供应链进行一些改良后,便可广泛地加以运用。绿色甲醇以阳光为原料，转化形成动力和热力燃料，也可作为化工原料加工成各种材料，前者全产业链接近碳中和，后者全产业链实现"减碳"或"负碳"。

如果"液态阳光"得到大规模开发和应用，将引发新的一次能源革命，不仅能满足能源需求，还能保持生态平衡，实现可持续发展，助推"双碳"目标的实现，并对其他产业乃至金融和地缘政治以及社会发展的诸多方面产生广泛而深刻的影响。"液态阳光"作为未来百年甚或千年的一种可持续能源，是解决绿色发展时代能源问题的关键选择。

"液态阳光经济"由此形成，如旭日东升，终将普照大地。

(二)"液态阳光经济"的重要意义

1. 培育经济发展新增长点

以发展绿色甲醇为目标的"液态阳光经济"，作为面向未来的新兴产业，市场空间广阔，创新引领作用突出，经济带动性强，将成为经济发展新的亮点。目前甲醇作为传统的化工原料，市场已趋成熟。据工信部发布的《石化和化学工业发展规划（2016—2020年）》，我国目前传统的甲醇化工市场规模约5000万吨/年，年增长率仅8.8%左右。而甲醇作为新型燃料，在锅炉、车用、船用等领域市场空间巨大。据测算，甲醇燃料市场规模约为甲醇化工市场的9倍，即我国甲醇潜在市场需求可达近5亿吨/年，直接的市场规模将超万亿元。更为重要的是，发展"液态阳光经济"，可以有力促进装备制造、储运物流、贸易金融等相关产业发展，带动传统产业优化升级，加快培育经济发展新动能，提高供给质量和效益，增强我国经济创新力和竞争力。

2. 促进形成绿色发展方式

党的十九大强调，要提供更多优质生态产品以满足人民日益增长的优美生态环境需要，建设美丽中国。我国正处于工业化、城镇化快速发展时期，资源需求和减排压力巨大。目前我国一半以上的PM2.5和大部分二氧化碳排放来源于燃煤。与煤炭和石油相比，甲醇燃料具有燃烧清洁、温室气体排放少的特点。据测算，如以甲醇代替煤炭作为燃料，排放的PM2.5将减少80%以上，二氧化碳减少50%以上，二氧化硫减少95%以上，氮氧化物减少90%以上。与风电、光伏等新能源相比，甲醇具有更好的经济性、稳定性，可规模化替代石油产品，作为交通燃料同样具有可观的经济和环境效益。大规模推广应用和全球布局生产甲醇燃料，发展"液态阳光经济"，对于我国积极参与全球环境治理，落实减排承诺具有极其重要的意义。

3. 推动构建人类命运共同体

遵循开放发展新理念，全球布局发展"液态阳光经济"，与中东、俄罗斯、北美及澳大利亚等国家和地区合作，共同开发利用"液态阳光经济"资源，形成全球"液态阳光经济"利益共同体，将有力地推动国际贸易平衡，在全球范围内创造大量就业岗位及税收贡献，对于构建人类命运共同体，形成新的中美、中俄、中加等国际关系提供强有力的支撑。特别是"一带一路"区域的国家和地区，许多地方风光资源丰富，有些地区化石能源贫乏，"液态阳光"是其最佳选择。

4. 推动能源生产和消费革命

我国是世界上最大的能源生产和消费国，但能源结构单一，煤炭在能源系统中长期占据主导地位。推动多元化发展，是我国保障能源安全的重要途径。从供给侧看，甲醇可由天然气、煤炭、生物质等多种原料制备而成，未来还可以以二氧化碳为基本原料进行生产，原料来源广泛、经济高效，全球分布范围广、储量丰富。从消费侧看，甲醇可在热力、交通、化工等领域替代煤炭、石油等传统化石能源，为我国能源生产和消费革命提供新方案。充分利用国际国内两个市场、两种资源，大规模发展"液态阳光经济"，对于壮大清洁能源产业，提升我国能源多元化保障能力，重构全球能源版图具有重要意义。

"液态阳光经济"的现状

美国南加利福尼亚大学教授、化学诺贝尔奖获得者乔治·欧拉生前写了一本书《甲醇经济》，对甲醇作了系统阐述，从科学的基本原理出发，指明了甲醇作为能源对经济和社会发展的价值和意义。

在 20 世纪 60 年代，美国由于过度开发和利用煤炭，产生了大规模的酸雨，破坏了生态环境，也影响了与加拿大的两国关系，为此，美国开始着手利用煤炭制取甲醇，用甲醇和汽油混合成清洁汽油并投入了使用，由于受到油气利益集团和农民利益群体的反对和阻挠，甲醇作为能源在美国未能发展起来。欧洲和日本在寻求清洁能源的过程中，也对甲醇做过探索，但紧随美国而止步。目前，国际上甲醇主要由页岩气制取而来，且主要用于化工原料。

我国是甲醇的生产大国和市场大国。很长时间以来，我国的甲醇主要以煤炭为原料生产，由于煤制甲醇费水，且甲醇厂商小而散，存在低水平重复和同质化竞争的现象。20 世纪 90 年代在我国山西省发生过用甲醇制售假酒案件，当时轰动全国，因此，"甲醇有毒"的概念流传甚广。

2019 年 3 月 19 日，工信部、国家发改委、科技部、生态环境部、交通运输部、公安部等八部委联合发布了《关于在部分地区开展甲醇汽车推广应用的指导意见》（以下简称《指导意见》），正式将甲醇汽车提到汽车产业和消费市场的层面。甲醇作为能源再一次走上了漫漫征途。

中国科学院大连化学物理研究所、上海高等研究院等研究机构长期以来致力于"液态阳光"的研究，取得了长足进展。2020 年 10 月 15 日，中科院院士李灿牵头设计的年产千吨级"液态太阳燃料合成示范项目"

科技成果鉴定会在兰州新区举行,该项目顺利通过中国石油和化学工业联合会组织的科技成果鉴定。

培育和发展"液态阳光经济"的举措

培育和发展"液态阳光经济"必须实施三链联动,即创新链、产业链、资本链三链联动。

(一)合理布局生产、储存、配送、交易、应用全产业链

一是强化源头供给,统筹国内国际布局,统筹东部西部布局,统筹绿醇蓝醇布局。建设国内外甲醇生产基地。发展"液态阳光"经济,首先要解决甲醇原料供应的长期稳定,立足国内生产为主,国际生产为辅;立足西部开发为主,东部及其他地区为辅;立足绿醇为主,蓝醇为辅。在西部地区,如内蒙古、青海、宁夏等风光资源丰富的地区,建立千万吨级的生产基地。据测算,腾格里和库布齐沙漠如果全部用于光伏发电,可以转化4亿吨绿色甲醇,热值等于20个大庆油田、25个长庆油田的原油产生的热值(不含天然气),是全国汽油年消费量的1.45倍左右。

同时,在蓝氢富余的地区依托原产业布局,顺势而为,建立相应产量的甲醇生产基地。在天然气资源丰富的国内外地区建设千万吨级以上的甲醇生产基地。

二是中游布局,做大贸易,建设甲醇储运基地。在华东、华南、京津冀地区建设百万吨级甲醇储运基地,以支撑该区域甲醇下游产业的发展。利用甲醇储运基地,建设甲醇贸易平台,结合甲醇作为大宗商品所具有的金融属性开展期货贸易。

(二)构建资本链,对接资本市场

对接资本、助推产业,建设"液态阳光"经济产业发展基金。整合

社会资本资源，与国际知名投资机构及产业资本合作，共同发起成立产业发展基金，通过创新的技术成果与产业资本的对接，推动甲醇经济建设涉及重大技术开发、产业化项目建设、基地建设等的实施。以龙头企业为产业投资主体，与基金投资构成"双轮"驱动，同时，对接国际国内的资本市场，通过"债、股、贷"相结合，加快资本对"液态阳光"的赋能，加快产业布局和发展。

（三）突破关键核心技术，构建完整创新链

设立国家科技重大专项，建立国家实验室或在国家实验室中给予安排，以系统考虑国家能源结构和相关市场需求为基础，深入凝练研发方向，从多学科优势互补的角度形成合力、主导突破关键核心技术，形成从甲醇合成到甲醇广泛应用的全链条相关高技术的创新链和相应标准，完成在全球范围内的产业化的高技术布局，并通过资本纽带推动并实现技术产业化。

研究的内容包括：一是要推进全产业链甲醇相关技术研发，如超低排放合成技术、五代碳中性甲醇合成技术等关键材料和高效的制备研制，实现零碳乃至负碳的低成本甲醇合成。二是要推进甲醇应用装备创新，如甲醇燃料电池、甲醇高效锅炉、甲醇重型内燃机等。三是要推进甲醇标准规范创新，如建设试点区域的立体环境监测和监控体系，提出甲醇应用的使用和环境等甲醇应用标准规范。

培育发展"液态阳光经济"的政策建议

培育发展"液态阳光经济"，必须从财税支持、金融扶持、环境营造、扩大开放等方面加大保障力度。

（一）加强财税支持

充分发挥国家科技计划、科技重大专项作用，采取无偿资助、后补助等多种方式加大政府资金支持力度，引导社会投资，支持"液态阳光"相关的替代燃料制备、能源化利用等关键技术攻关。采取中央财政资金补贴等多种方式，支持"液态阳光经济"综合试点和重大创新示范工程。编制"液态阳光"技术及产品指导目录，参照节能环保、新能源汽车以及战略性新兴产业等政策目录，对符合条件的按规定享受相关税收优惠政策。研究完善碳税、碳交易等政策机制，探索建设绿色发展调节机制与市场制度。

（二）加大金融扶持

建立健全以国家资金为引导、带动社会资本的"液态阳光经济"发展金融支持机制。设立国家"液态阳光经济"投资基金，支持技术、产业和资本全球布局发展。建立包括财政出资和社会资金投入在内的多层次担保体系，加大对企业的融资担保支持力度。推动金融机构对重大技术创新、产品应用、市场开发以及国际并购等给予信贷支持。积极支持符合条件的企业在资本市场直接融资。

（三）深化体制改革

改革燃料市场准入制度，破除"液态阳光经济"市场壁垒，放宽市场准入，建立公平竞争保障机制，形成统一开放、竞争有序的产品市场体系。完善"液态阳光经济"价格形成机制，推进交通、热力燃料等领域竞争性环节价格放开。完善"液态阳光经济"全行业标准，实施负面清单管理，建设"液态阳光经济"行业信用及社会化监管体系。创新对外投资管理体制，实施差别化的外汇管理。

（四）走向"一带一路"，拓展全球市场

将"液态阳光经济"作为建设人类命运共同体的抓手，作为推动世界绿色发展的抓手，同时，纳入"一带一路"发展重点，纳入中美、中阿等多边和双边合作首脑议题，建立全球"液态阳光经济"合作发展对话机制。联合大部分新兴经济体、发展中大国、主要区域经济集团和部分发达国家，发起设立国际"液态阳光经济"发展联盟，不断深化经贸关系，逐步建立以"液态阳光经济"为核心的新型国际贸易规则及贸易体系，构建合作共赢的全球大市场。

（刊发于《中国新经济发展报告2022—2023》，2022年5月第一版）

加快科技成果转化　完善生态体系建设

　　科技创新催生了新经济，而新经济又反哺于科技创新。科技创新是新经济的灵魂。在人类科技发展的历程中，科技创新正在不断加速。加速的动因在于科学、技术、产业与金融关系的嬗变，而其间的重要过程、重要环节是科技成果转化。可以说，科技成果转化是科技创新价值链的"最后一公里"，是科技创新与新经济的结合点，是新经济的生长点。同时，科技成果转化是一项高度复杂的系统工程，界面多、跨度大、跨行、跨界、跨时、跨域，是社会经济发展中的世界性难点、热点、痛点问题，在中国国情条件下探索如何提升科技成果转化的效率与效益，具有重要的理论意义和实践价值。

科技成果转化的要素、方式、过程

　　简单来说，科技成果转化的要素主要包括人、财、物三方面。首先，人是决定因素，如果人不合适，成果转化将无从谈起。人，包括"三种人"：科学家、企业家、投资家。对于科学家，如果具体负责科技成果的科学家（往往是成果的所有者）没有合作意识、市场意识、社会常识，就是不合适的人选。对于企业家，科技成果转化如果没有企业家参与肯定不行，参与的企业家如果没有创业精神也不行、如果没有科技背景大概也不行。对于投资家，投资家如果只对热钱快钱有兴趣，基本不行，如果把投资科技成果转化看成把钱存入银行，肯定不行。财，可以概括为"四种钱"：政府的科研资金、企业的投资资金、银行的贷款、保险公司的保险，"四种钱"如果缺三种，要谨慎为之。物，即科技成果。何为可转化的科技成果？第一，其原理必须符合已经公认的科学原则和理论；第二，其结果必须可重复并具有稳定的质量指标；第三，产品或技术必须有明确的市场价值，即是否具备"新、精、廉、特"特质；第四，是否具备或至少可能具备市场准入的资质。四项必须俱全，否则就不是可转化的科技成果。

关于科技成果转化的方式，《中华人民共和国促进科技成果转化法》第十六条规定，科技成果持有者可以采用下列方式进行科技成果转化：

第一，自行投资实施转化。第二，向他人转让该科技成果。第三，许可他人使用该科技成果。第四，以该科技成果作为合作条件，与他人共同实施转化。第五，以该科技成果作价投资，折算股份或者出资比例。第六，其他协商确定的方式。

关于科技成果转化的过程，狭义的是指把一项可转化的科技成果做成可销售的产品或服务，广义的是指科技企业成长的全周期，可分为五个阶段。第一个阶段为培育期，从实验室的成果或创意转化成样机，可谓之从 0 到 1；第二个阶段为初创期，从样机到有销售，可谓之从 1 到 10；第三个阶段为成长期，从有销售到有利润，可谓之从 10 到 100；第四个阶段为成熟期，从有利润到进入资本市场，或 IPO，或通过增发进入资本市场；第五个阶段为稳定期，从进入资本市场到成为行业领袖企业。

建设科技成果转化的生态体系

科技成果转化是科技创新的延续，同时又和制度创新或管理创新发生了叠加，既是社会进步的过程，也是社会进步的体现。科技成果转化的发生和发展是内因与外因相互作用的结果，其内因即科技成果转化的要素，其外因即其发生和发展的外部条件，将其称为生态体系。建设和完善生态体系，至少包括以下四个方面。

（一）科技金融平台建设

科技与资本是生产力要素中最活跃的要素，这两个最活跃要素的碰撞，一定会发生能量巨大的聚变，正如物理学界的核聚变，需要强大的能量，并将产生更强大的能量。

1. 投资平台

科技成果转化需要投资，我们把投资主体的组合称为投资平台。战略投资或直接投资与基金投资或财务投资的组合，其相辅相成、相得益彰。成功案例有美国的 GE 公司及国内的联想控股股份有限公司（以下简称"联想控股"），柳传志先生将其称为"双轮驱动"。联想控股战略投资并控股联想集团，联想集团拥有个人计算机的世界最大市场份额，服务器也在世界市场名列前茅。联想控股同时拥有弘毅投资、君联投资、联想之星 3 家基金投资公司，弘毅投资侧重于并购，君联投资侧重于 VC 投资，联想之星侧重于天使投资，必要时 3 个基金公司与联想控股的战略投资业务实现联动。

政府投资或公共财政投资与企业投资或私人投资的组合，最成功的案例当属美国的小企业创新研究计划（Small Business Innovation Research and Development Program，SBIR）和小企业投资公司计划（Small Business Investment Company，SBIC），前者在科研经费中安排了少量但很有效的资金为科研项目进入市场做好了必要的准备，后者通过政府支持或"背书"，诱导私人资本勇敢地投向初创期的科技企业。SBIR 计划是美国联邦政府通过财政资金支持美国小企业参加联邦政府的科研计划和技术创新的一项举措。该计划要求美国各联邦机构从其科研经费中拿出一定比例的资金资助小企业的技术创新或科技成果转化，这一比例在 1982 年最初设立时为 0.2%，经过发展，受到各方的好评，到 2000 年时增长到 2.5%。这项经费的资助一般分三个阶段进行。第一个阶段，资助期限为

6 个月，主要帮助企业进行项目的可行性研究，确立技术构想和预期目标，确定技术的市场定位；第二个阶段，资助期限可达 2 年，帮助企业完成技术验证，或建立技术指标；第三个阶段，主要帮助企业进入市场，或者推动政府采购。这一经费通常帮企业分担研发经费总额的 30% 左右，这对初创企业而言是巨大的帮助，大大增加了企业进行科技创新的信心和能力。SBIC 计划是美国政府帮助小企业获得无法从银行和其他私人资本获得的权益资本和长期贷款的援助计划，其特色为政府以信用出面帮助创新型、创业型企业募资，相当于政府引导基金，即私人出资 1 美元，联邦政府的小企业局（Small Business Administration，SBA）以政府信用担保从公开债券市场募资 2 美元，最终将获得的 3 美元投给创业初期的创新型企业。正因为有 SBIR 和 SBIC 两者的无缝衔接，促成和催生了苹果、微软、特斯拉等美国科技巨头企业。

在以色列等国家，私募基金中出现了很好的"公私组合"，如 YOZMA 基金（"YOZMA"在希伯来语中为"首创、开启"之意）。以色列贫瘠的自然资源使其制定了依靠科技创新发展经济的战略。1992 年，以色列风险投资之父伊格尔·艾立赫（Yigal Erlich）向政府提出申请拨款 1 亿美元，组建了国内第一只政府创业引导基金，YOZMA 基金由此而生。YOZMA 基金的运作包括两部分：其一是直接投资，即以 20% 的资金直接投资于起步阶段的创新型企业，从而引导民间资本投资于早期的创新企业；其二是成立子基金，即以 80% 的资金与国际知名的金融机构合作发起成立 10 只子基金。在每只子基金中，母基金出资不超过 40%，社会资本或国际资本出资超过 60%。政府出资部分承诺可以在投资后的 5 年内以本金加每年 5%～7% 的单利出让给社会投资者。事实证明这样做行之有效，1993—1997 年，在短短的几年时间内，以色列涌现出 3000 多个高技术项目，其中有多个项目通过 IPO 形式进入美国与欧洲资本市场。

我国各级政府设立的政府引导基金，其初衷与此相似或相同，也促进了科技成果转化和科技企业的创立与发展。

2. 融资平台

科技成果转化离不开融资，融资包括直接融资与间接融资。直接融资主要指通过证券市场实现股权融资，即通过IPO，或借壳上市，或通过增发，或通过并购进入资本市场。从全球范围看，美国的资本市场对科技创新的支持最及时、最有力。美国从1933年开始实行上市公司注册制，1971年开始设立纳斯达克资本市场。美国的纳斯达克资本市场对科技企业的融资发挥了巨大作用，投资者不只是看企业的利润或销售额，更注重企业的科技"故事"，看公司的创新性、成长性，让科学家、企业家、投资者风险和收益同享，资本助推科技创新穿越时空，把"未来"变成"已来"。这样的证券市场成就了大批科技企业。2018年11月5日，习近平总书记在上海宣布上海证券交易所设立科创板并试点注册制，经过一年多的实践，科创板顺利启动，注册制平稳落地，科创板被誉为"中国的纳斯达克"。我们相信，科创板将必定成就许许多多中国的科技企业，并助推这些企业成为中国乃至世界的领袖企业。

间接融资主要指的是银行，在银行中最受称道的是美国的硅谷银行，在硅谷诞生和成长起来的许多科技企业都受惠于硅谷银行的支持。硅谷银行通过"股权投资＋债权融资＋科创服务"的业务模式，积极与风险投资机构全方位合作，为科技企业量身定制各种金融产品，并为其提供多样化、综合化的增值服务，有效地弥补了科技企业和金融服务之间的信息不对称问题，缩小了科技型企业"高成长、高收益、高风险"特点与传统银行稳健经营规则之间的差距，较好地解决了科技企业在成长过程中的融资难问题。科技银行的成功设立与运作，有效地弥补了科技金融体系的结构性缺陷，完善了科技创新生态系统，建立起科技和经济结合的协调机制，有助于实现科技资源配置的优化，推动科技成果的转移转化及产业化，成为化解科技与经济"两张皮"的有效手段。

3. 科技保险

科技创新是一项充满不确定性的工作，同时也是高风险与高收益的博弈。科技创新存在"大数定律"，其属性与保险业高度匹配。没有科技保险，企业投资者或私人投资者对科技创新的投资如临深渊，从而裹足不前，或惶恐不安，因此科技保险应运而生。

科技保险主要是指运用保险作为分散风险的手段，对科技企业或研发机构在研发、生产、销售、售后，以及其他经营管理活动中，因各类现实面临的风险而导致科技企业或研发机构的财产损失、利润损失或科研经费损失等，以及其对股东、雇员或第三者的财产或人身造成现实伤害而应承担的各种民事赔偿责任，由保险公司给予保险赔偿或给付保险金的保险保障方式。

随着社会发展及人们对保险认识的加深，科技保险的内涵和外延也在不断扩大，科技保险的产品库也在不断丰富。例如，对科技企业开办的贷款保证保险、出口信用保险、科技保险保单贷款增信业务等，甚至保险资金对科技企业的财务投资，以及对科技企业研、产、供、销全产业链的风险保障都可以划为科技保险的扩大范畴。

2006 年，为落实《国家中长期科学和技术发展规划纲要（2006—2020）》，科技部与中国保险监督管理委员会联合下发了《关于加强和改善对高新技术企业保险服务有关问题的通知》，为科技保险发展准备了政策环境。同时，科技部、中国保险监督管理委员会与财政部、国家税务总局组织部分保险公司开展了多层次、多角度的试点探索。国家又出台了《财政部关于进一步支持出口信用保险为高新技术企业提供服务的通知》《关于进一步发挥信用保险作用支持高新技术企业发展有关问题的通知》《关于确定第一批科技保险创新试点城市的通知》等一系列文件。这些文件针对科技保险的试点和推广，提出了税收政策、财政资助等方面的优惠。相关保险公司也就投保、赔付、保费交付方式等环节进行研究设计。

2007年，北京、天津、重庆、深圳、武汉和苏州高新区6个市（区）被确定为首批科技保险创新试点城市（区）。2008年，上海、成都、沈阳、无锡和西安高新区、合肥高新区被批准为第二批科技保险创新试点城市（区），科技保险发展取得了突破性进展。为进一步推动科技保险发展，2010年中国保险监督管理委员会、科技部又联合出台了《关于进一步做好科技保险有关工作的通知》。2014年，中国人民银行、科技部、中国保险监督管理委员会等六部委联合出台了《关于大力推进体制机制创新扎实做好科技金融服务的意见》。2015年，财政部、工业和信息化部、中国保险监督管理委员会联合出台了《关于开展首台（套）重大技术装备保险补偿机制试点工作的通知》。总体上看，科技保险的产品逐步丰富、承保范围逐步扩大、投保企业逐步增加，为科技领域开展自主创新提供了一定的风险保障。

可见，中国的科技创新、科技成果转化需要中国的科技保险，但在中国迄今尚未见到一家真正的科技保险公司。

（二）组建政产学研用科技创新联盟

由政府倡导，企业为主体，市场为导向，产学研用相结合，组建联盟，是新型举国体制促进科技创新、推动科技成果转化行之有效的举措。中国科学院控股有限公司进行了有益的探索，组建了一批科技创新联盟，这些联盟明确由一家企业牵头，有关研究机构及与牵头企业不构成同业竞争关系的企业参与，联盟成员单位数量不等，最好在产业链上构成互补和上下游关系。牵头企业选择综合实力强、处于行业领先地位、对共性技术研发有强烈需求、自身具有较强研发基础和内生发展动力强劲的科技企业，联盟内成员单位与牵头企业具有合作基础，主要围绕企业提出的需求，协同开展技术创新活动和科技成果转化。

（三）双创服务平台建设

为创新创业提供服务平台，包括以下内容。

1. 行业智库

根据企业或投资需要，提供行业研究报告；及时收集世界创新活跃国家和地区新技术、新产品、新商机；对投资对象包括项目、团队做商业情报分析，帮助投资者做出预估；组织行业会议，及时组织业内人士进行交流和讨论。

2. 共性技术平台和实验室

组建公共技术分析、技术检测平台，提供仪器校准、质量检验、样品分析服务；通过大院大所的实验室对外开放，提供大型科研仪器设备经营性公共服务。

3. 人才服务

为科技创新和科技成果转化的领军人才提供全面服务，包括：组织人才培训，针对不同人群组织有针对性的专业培训，必要时进行现场考察、学习、交流；提供 3H 服务，即 HEALTH、HOME、HOUSE，为人才提供健康保障，为人才安家落户提供服务，包括家属就业、孩子就学等，提供租、售住房或住店服务，让人才聚精会神做创新、一心一意谋发展；组建专门的科技公关公司，提供文件打印、公司形象设计等服务。

（四）知识产权运营平台建设

国家在"十三五"期间做出了"加快建设全国知识产权运营交易和服务平台，建设知识产权强国"的重要工作部署，由国家知识产权局牵头，会同财政部共同发起国家知识产权运营公共服务平台试点项目，作为国家"1＋N"知识产权运营体系的核心载体，将为专利转移转化、收购托管、交易流转、质押融资、专利导航等提供平台支撑，提高专利运用效益。

为此，在不同区域或部门，应当建立相应的知识产权运营公共服务平台。服务平台以充分实现知识产权的市场价值为指引，积极创新知识产权运营模式和服务产品；以释放知识产权大数据为基础，依托互联网整合知识产权信息资源、创新资源和服务资源，建立以知识产权为重要内容的创新驱动评价体系，逐渐健全知识产权服务诚信信息管理制度及信用评价制度；充分发挥重点产业知识产权运营基金的作用，支持骨干企业、高校、科研院所协同创新、联合研发，强化创新成果转化运用，加强高技术含量知识产权转移转化。

我国知识产权潜力巨大，前景看好。同时，我们要克服当前仍然存在的一些问题，如重视专利的数量而忽略专利的质量、重视专利的申请而忽略专利的运营、重视专利对个人和机构的评价作用而忽略专利的实际开发利用、重视专利的单位利益而忽略与其他单位联合建立专利池的协同效用。

正如上文所述，科技成果转化的过程，就是科技企业发展的不同阶段。如果我们把五个不同阶段的科技企业比作五条鱼，比作从幼小的鱼苗成长为遨游大洋的巨鲸，那么，科技成果转化的生态体系就犹如鱼生长的水系。为了提升我国科技成果转化的效率、效益，我们必须修筑从知识海洋到资本海洋的运河，建设和完善科技成果转化的生态体系。

（刊发于《中国新经济发展报告2021—2022》，2021年6月第一版）

"液态阳光"将在神州大地普照

"液态阳光"的由来

2019年3月19日，工信部、国家发改委、科技部、生态环境部、交通运输部、公安部等八部委联合发布了《关于在部分地区开展甲醇汽车推广应用的指导意见》（以下简称《指导意见》），正式将甲醇汽车提到汽车产业和消费市场的层面。这一天，将载入共和国发展的史册。

为了这一天，以原机械部老部长何光远为工信部甲醇汽车试点工作专家组组长，前后历时十几年，从组织调研开始，经历了摸底验证、提出技术条件、编制试点实施方案、专家审议评定、试点运营启动、技术数据采集、阶段测试检验、验收总结等不同阶段，在这背后，还有几十名院士多年研究并上书建言，以及一批企业家含辛茹苦、百折不挠的苦苦探索。

甲醇与"液态阳光"是什么关系？无独有偶，中国科学院成立了以院长白春礼院士为组长，李静海院士、张涛院士、施春风教授以及若干企业家组成的"液态阳光"专题组，对甲醇燃料进行了专题研究。施春风是国际知名学者，曾担任新加坡国立大学校长、沙特阿拉伯国王大学创始校长，哈佛大学和美国科学院曾联合为他举行生日宴会庆祝他的学术成就。他在担任沙特国王大学校长期间，沙特王室请他研究一个问题：在未来的某一天，如果沙特的油气资源用完了，取代油气的是什么？施春风用了十年时间、十亿美元研究，做出的回答是甲醇。

美国南加利福尼亚大学的化学诺贝尔奖得主乔治·欧拉教授生前写了一本专著《甲醇经济》，被翻译成多种文字而流行于世界。

中国科学院液态阳光研究组认为，甲醇以其来源不同可以划分为五代：第一代，煤制甲醇；第二代，煤气或页岩气制甲醇；第三代，以极低排放或零排放技术用煤或气制甲醇；第四代，生物质制甲醇；第五代，以空气中的二氧化碳和取之于水的氢合成甲醇。后三代的甲醇可称为清洁甲醇，第四代、第五代甲醇可称为绿色甲醇。地球上的能源主要来自阳光，但"光阴似箭"难以捕获，如何把阳光变成随人们的意志可储存、可运输的液体，这便是甲醇。但是，长久以来，甲醇在社会上已经被"妖魔化"，甲醇有毒的认识已经根深蒂固。为了破除甲醇有毒的"魔咒"，中国科学院研究组给清洁甲醇和绿色甲醇取了一个富有诗意的名字"液态阳光"。以国际权威杂志《焦耳》在 2018 年 9 月发表的白春礼、张涛、李静海、施春风联合署名文章为标志，国际学术界和同行很快接受了这个来自中国的亮丽名字：液态阳光（Liquid Sunshine）。

"液态阳光"是中国成为世界强国的历史性机遇

自第一次工业革命以来，世界强国因能源兴而兴。英国在 18 世纪率先发现和开发利用了煤炭而成为世界强国。美国在 19 世纪率先发现和开发利用了石油并掌握了电力技术而成为世界强国。法国因率先发展了核电能源而保障了其相对独立的国际地位。

新能源的出现正在改变世界格局。"液态阳光"正是中国成为世界强国的历史机遇。

"液态阳光"即清洁甲醇和绿色甲醇，与其他能源相比，有其明显的优势，可归结为："液态阳光"是清洁的煤、便宜的油、移动的电、简装的气。

清洁的煤，与煤相比是清洁的：与煤相比，PM2.5 减排 80%，碳减排 50%，氮氧化物、硫氧化物减排 95% 以上。

便宜的油，与油相比是便宜的：每吨标号汽油终端用户价在 8000 元左右，每吨甲醇终端用户价在 2000～3000 元。

移动的电，与电相比是可移动的：电的传输需要电网和变压器及充电装置，电的传输过程要耗能，基础设施建设要投入，如果是热电，发电本身又产生巨大的排放和污染。

简装的气，与气相比其装备是简便的：液化天然气（LNG）的储存和运输需要高压和低温，需要特制的装备和设施，且有安全隐患。甲醇在常温、常压的条件下即可储存和运输。

许多人会认为电池是清洁能源，实则不然。电池的制造过程严重污染环境和破坏环境，电池的充电电源可能是热电，而热电是高排放的化石能源，废旧电池的处理严重污染环境。电池在目前的技术条件下只是转移了污染，没有减少污染甚至加重了污染，可用于特定区域。

"液态阳光"对于中国而言，在能源安全、经济、生态、社会和国际政治方面具有特别的意义。

1. 能源安全

2016 年，我国原油净进口量约为 3.76 亿吨，石油净进口 3.56 亿吨，原油和石油对外依存度分别为 65.5% 和 64.4%。能源消费总量达 43.6 亿吨标准煤，预计至 2020 年中国的能源消费总量将达到 45.9 亿吨标准煤。

我国具有"富煤贫油缺气"的能源资源禀赋。煤的广泛利用会对大气、水和土壤等造成污染，严重影响人民群众的健康水平和生活质量。在我国能源结构向低碳清洁能源转型的历史趋势下，预计煤在中国能源需求中的份额将从 2015 年的 66% 降至 2035 年的不到 45%，利用可以大规模工业生产的清洁能源成为必然。我国经济发展的客观需求和既有的能源结构决定了我国既要保障能源供给又要确保能源安全，还要承担起世界大国碳减排的国际社会责任，可谓"时间紧、任务重、底子薄"。

在这样的历史时刻，以"液态阳光"部分替代传统燃油和煤炭，成为我国破解过度依赖煤炭和进口石油的能源困境、平抑国际市场油价、实现可持续发展的上上策，对保障我国能源安全具有难以估量的战略意义。

2. 经济效益

甲醇自身属性决定了甲醇的应用领域十分广泛，以甲醇燃料、甲醇烯烃产业为代表的一批战略性新兴产业将会蓬勃兴起，为经济发展带来新的经济增长点，甲醇的潜在经济市场极为庞大。我国目前甲醇化工市场需求约为5000万吨/年左右。据工信部发布的"十三五"规划，甲醇需求量年增长率为8.8%左右，还会有甲醇烯烃等化工装置陆续投产，整个甲醇烯烃上下游行业规模将达到万亿元规模。甲醇作为锅炉燃料、车用燃料、船用燃料等具有更为巨大的市场空间。据测算，甲醇燃料市场规模是甲醇化工市场的约9倍，即我国甲醇市场需求将近5亿吨/年，市场规模将超万亿元。同时，甲醇的最佳储运半径在500公里，为了承接北美、中东或澳洲的原料甲醇，我们应在我国沿海地区建立若干个储运中心。甲醇已经列入我国的大宗商品，其交易及其形成的指数交易，都将增添我国经济的活力。甲醇市场的充分开发将给我国带来极大的经济效益。

3. 生态效益

长期以来，中国粗放的经济增长方式不仅消耗了大量能源和资源，而且对生态环境造成了巨大破坏。更严峻的形势是我国已是世界上二氧化碳排放量第一大国，温室气体排放面临巨大压力，节能减排任务艰巨。鉴于甲醇全生命周期污染和碳排放最低的优势，其对扩大清洁能源供给、减少污染物排放、维护我国生态平衡、实现可持续发展、兑现巴黎协定实现碳减排承诺，具有不可替代的重要意义。

4. 社会效益

甲醇的利用将大力促进我国社会绿色发展，助推绿色能源、绿色交通、绿色金融，改进改善生产生活环境，提高人民健康水平，提升百姓生活质量，促进社会发展方式、人民生活方式的转变，促进产业转型升级，促进劳动力就业。包括肺癌在内的呼吸道疾病是中国的常见病、多见病，其主要的致病因素是空气污染，空气污染的主要原因是化石燃料的使用。空气污染或雾霾已经成为许多地区或城市决定人才去留的关键，北京市入冬后，许多人为了"躲霾""逃霾"而去南方。

5. 国际政治效益

"液态阳光"是构建和发展人类命运共同体强有力的纽带和抓手。

大力发展"液态阳光"经济，以利用北美储量巨大的天然气资源为基础、以打造跨太平洋能源通道为契机，在为庞大的中国市场提供长期稳定的甲醇原料供应的同时，可以平衡中国与北美的贸易关系，成为稳定和协调中美、中加关系进而影响国际关系的一个重要政治砝码。

与沙特阿拉伯等中东国家携手发展"液态阳光"经济，开辟新的产业上游，保障原料供给源头。同时，对印度、越南等能源贫乏国家加大开发力度，引导他们成为我们的下游，逐步培养培育其对甲醇的依赖，促进命运共同体的形成。甲醇将强化"一带一路"沿线国家的能源格局，稳定中国与"一带一路"沿线国家的政治经贸关系。

"液态阳光"面临的困境

"液态阳光"是新生事物，"养在深闺人未识"。当前发展"液态阳光"经济，面临的困境主要表现在以下诸多方面。

对于甲醇的认知障碍和偏见，是大规模推行"液态阳光"经济的最大阻力。甲醇的毒性长期以来被诟病。甲醇毒性实际上比汽油低。人主要以呼吸蒸汽、误饮和皮肤接触吸收三种途径接触甲醇。其中，经口摄入最为危险。但就经口摄入致死量而言,甲醇(30~100mL)比汽油(13mL)更高,或者说,比汽油更安全。在美国,甲醇生产的安全防护和汽油是同一等级。此外,甲醇不具有积累健康危害,而汽油为致癌物,可引起基因突变以及胎儿畸形。还有人认为,甲醇无色无味,不易降解,发生泄漏后后果严重,实际情况是甲醇可用作微生物的培养基。

甲醇有毒在中国流传甚广有一些偶然原因,其中,不法分子以甲醇"造酒"的山西假酒案是一典型案例,其阴影久久挥之不去。

除此以外,还存在以下几方面问题。

1. 未列入国家能源战略

因为缺乏对发展甲醇能源属性的共识,在我国《能源发展战略行动计划(2014—2020)》《能源发展"十三五"规划》《能源生产和消费革命战略(2016—2030)》等国家级发展规划中均没有明确支持。正是缺乏国家层面的战略,没有全国上下一盘棋的相应部署,导致即使是在多年多地试点后,甲醇产业发展仍然举步维艰。

2. 缺乏法规政策支持

一是甲醇长期以来被纳入化工原料管理,作为"危险化学品",其难以进入能源领域。一些地区把甲醇作为城管执法的重点打击对象。老百姓与政府玩"猫鼠游戏",政府稽查时,老百姓把甲醇藏起来,政府走了,老百姓把甲醇用起来。对甲醇燃料的扶持不如其他能源。以甲醇汽车为例,有关扶持政策远远不及混合动力和电动车。

二是甲醇行业缺乏完整的生产和监管标准,监管的体制机制缺位。如:甲醇分子量小,具有一定的腐蚀性或侵蚀性,将纯甲醇作为车用燃料时,除了用于特种甲醇汽车,对普通汽车有什么要求;用甲醇与汽油混合的燃料,对添加剂有什么要求,需要按照哪些相应的技术标准。还有一些地区,如福建省莆田市,对旧车进行甲醇燃料设备的改装,深受用户欢迎,但没有建立行业或国家的技术标准。由于国家没有甲醇燃料的生产、储存、运输、应用的国家标准，也没有对市场上甲醇燃料进行监管的机构，使得用户难以放心使用甲醇燃料，导致甲醇燃料不能在全国市场推广应用。国家应当针对甲醇的全产业链制定相应的法规政策和标准。

3. 关键核心技术需要突破

第三、四、五代甲醇生产技术尚需成熟和大规模商业化应用。在使用层面上，还需要进一步积累数据，以做改进和提升。

曙光在望

世界的能源结构正在变化，"液态阳光"将成为人类 21 世纪乃至新千年的能源。

中国是世界甲醇市场最大的国家，也是甲醇资源开发潜力和选择空间最大的国家，同时，中国的甲醇科技处在世界的同一起跑线上，因此，中国的取向将影响世界的走向。

我们应充分发挥社会主义制度的优越性，在党中央、国务院的领导下，积极采取以下措施。

1. 将"液态阳光"纳入国家能源战略，并尽快完善醇基燃料相关行业的法规、政策与技术标准

为实现"液态阳光"经济相关行业健康有序发展，引领相关行业实现跨越式发展，需要进一步完善醇基燃料行业政策，重新界定甲醇的产品分类，制定一系列的行业标准，包括甲醇锅炉国家标准、车用甲醇国家标准、船用甲醇国家标准、餐厨用甲醇国家标准等，建立相关技术和产品认证体系，加大标准实施推广力度。确保各项政策措施和标准的连贯统一，提高政策综合效力。

2. 合理布局生产、储存、配送、交易、应用全产业链

一是聚焦增量、整合存量，建设国内外甲醇生产基地。发展"液态

阳光"经济,首先要解决甲醇原料供应的长期稳定,在天然气资源丰富的国内外地区建设千万吨级以上的甲醇生产基地。其次要合理布局甲醇的生产、储存、配送、应用全产业链。

二是中游布局,做大贸易,建设甲醇储运基地。在华东、华南、京津冀地区建设百万吨级甲醇储运基地,以支撑该区域甲醇下游产业的发展。利用甲醇储运基地,建设甲醇贸易平台,结合甲醇作为大宗商品所具有的金融属性开展期货贸易。

3. 构建资本链,抢占全球甲醇生产的制高点

抢占全球甲醇生产的制高点,调整我国的能源结构并重构全球能源格局。

对接资本、助推产业,建设"液态阳光"经济产业发展基金。整合社会资本资源,与国际知名投资机构及产业资本合作,共同发起成立产业发展基金,通过创新的技术成果与产业资本的对接,推动甲醇经济建设涉及重大技术开发、产业化项目建设、基地建设等的实施。

做好全球资本战略布局。通过国际并购,实现对全球甲醇产能的集中控制,增加对甲醇产业链的战略性控制和国内企业对甲醇产业链的话语权。在此基础上,增加全球甲醇贸易中使用人民币进行支付的力度,推进资本项下的人民币跨境流动,并带动其他行业更多使用人民币作为交易货币。

4. 突破关键核心技术,构建完整创新链

设立国家科技重大专项,建立国家实验室或在国家实验室中给予安排,以系统考虑国家能源结构和相关市场需求为基础,深入凝练研发方向,从多学科优势互补的角度形成合力、主导突破关键核心技术,形成从甲醇合成到甲醇广泛应用的全链条相关高技术的创新链和相应标准,完成在全球范围内的产业化的高技术布局,并通过资本纽带推动并实现技术产业化。

一是要推进全产业链甲醇相关技术研发，如超低排放合成技术、五代碳中性甲醇合成技术等关键材料和高效的制备研制，实现零碳乃至负碳的低成本甲醇合成。二是要推进甲醇应用装备创新，如甲醇燃料电池、甲醇高效锅炉、甲醇重型内燃机等。三是要推进甲醇标准规范创新，如建设试点区域的立体环境监测和监控体系，提出甲醇应用环境标准规范等。

5. 营造良好使用环境

一是加强宣传教育引导。开展形式多样的"液态阳光"经济宣传，加强新闻宣传、政策解读和教育普及，准确阐述"液态阳光"经济，把"清洁低碳、安全高效"的理念加以推广、弘扬。注重引导舆论，回应社会关切，传递有利于加快"液态阳光"经济发展的好声音和正能量，积极营造浓厚、持久的舆论环境。二是调整资源性产品价格形成机制。清理和取消对传统能源和资源性产品的各种显性或隐性补贴，制定合理税费，营造甲醇价格空间。三是积极培育甲醇经济增长源。充分发掘运用关键技术解决方案，建设完整的天然气化工产品产业链；推广与居民住行消费和家庭生活环境改善紧密结合的应用产品，打造甲醇汽车产业链、甲醇船舶产业链、甲醇锅炉产业链、甲醇专用厨房体系，增强群众使用的意识和自觉性；适时推进甲醇轮船研制和运用，打造绿色海湾；适时开展甲醇储能运用，开辟我国电能过剩解决新途径。四是探索合理机制，团结各利益攸关方。对于各利益攸关方，要设计好参与和利益分配机制，团结各利益攸关方，减少推广应用的阻力。

6. 设立"液态阳光"经济示范区

选择一部分沿海城市和西部城市作为"液态阳光"经济示范区。

一是建设甲醇燃料重大应用示范工程，形成甲醇燃料锅炉、甲醇重载内燃机、甲醇燃气机、甲醇—氢燃料电池等应用的工程示范，推进关键技术研发和创新成果转化，并制定出甲醇应用的国家或行业系列标准，加快甲醇燃料综合利用的市场。

二是通过体制机制创新和政策先行先试，充分发挥示范区的综合资源优势，着力打造"液态阳光"产业园，建设大型仓储物流基地，建设大型甲醇贸易平台并编制甲醇交易指数，加快"液态阳光"产业集聚。

三是有效整合创新资源、科技服务资源、社会资本资源，实现产业链、创新链、资本链联动。注重技术创新、产业示范、科技服务、转化孵化的全产业技术创新链与产业链的协同发展，通过体制机制探索和市场化运营，形成示范区内各平台间的紧密联动，建立国际一流的甲醇经济创新创业环境，并与示范区外的特色优势研发资源合作，形成网络化的创新与服务平台。

我们相信，"液态阳光"将在世界的东方、在中国的神州大地上冉冉升起，照耀和造福全人类。

（原载于 2019 年 7 月 1 日《中国科学报》）

"跨"经济

我们已经进入了"跨"经济时代：跨境、跨界、跨业、跨时。我们可以以"四跨"的维度来看地区和企业。可以肯定的是，从"0跨"到"四跨"，"0跨"者弱，"0跨"者亡；"四跨"者强，"四跨"者胜。

我们已经进入了"跨"经济时代。

第一，跨境。世界上的物质存在于错误的时间、错误的地点，谓之曰废物甚或毒物，存在于正确的时间和正确的地点，谓之曰资源甚或宝藏。经济活动源于世人互市。互市就是改变物资存在的时间和地点。世界各地自然环境资源的差异，社会发展快慢与文化的多样性，赋予了人类社会跨地域经济活动经久不衰的动力。

跨境的经济活动可能要追溯到中国的郑和下西洋（马可·波罗的活动当属于个人旅行，且存疑），他从1403年到1428年间曾7次下西洋，其航海的规模之大和技术的先进程度都达到了当时世界之最，但是，对世界历史和格局影响不大，对世界经济发展贡献不大。正如西方学者所说，他"莫名其妙地开始又莫名其妙地结束了"。这可能要归因于他的行为缺乏长效体制机制，既不属于市场驱动的企业行为，也不属于寻求未知的科学探索，从中国的历史角度看，那是明成祖个人意志的体现。但是，此后发生的故事就不同了。克里斯托弗·哥伦布（意大利航海家，先后移居葡萄牙和西班牙），相信大地球形说，认为从欧洲西航可达东方的印度和中国。在西班牙国王支持下，他先后4次出海远航（1492—

1493 年，1493—1496 年，1498—1500 年，1502—1504 年），并于 1492 年 10 月 11 日发现了美洲大陆，也因此奠定了他的历史地位。此后，葡萄牙人费尔南多·麦哲伦做出了重要贡献。1519 年 9 月 20 日，麦哲伦在西班牙国王的资助下，率领一支由 5 艘帆船 266 人组成的探险队，从西班牙塞维利亚港起航，开始了他名垂青史的环球航行，于 1522 年 9 月 6 日返回西班牙塞维利亚港，完成了历时 3 年的环球航行。麦哲伦船队的环球航行，用实践证明了地球是一个球体，更重要的是开启了世界贸易航程。

哥伦布与麦哲伦为后来的世界贸易奠定了基石，也为帝国主义和殖民主义埋下了根源。真正意义上的世界经济一体化，是指遵从统一法规的经济活动。1945 年"二战"结束后成立了联合国，在联合国的框架下，人类社会进入了世界经济一体化的快速通道。1948 年，关税及贸易总协定（GATT）设立，当年世界贸易的总额就超过了世界 GDP 的总额。从那时到今天，世界贸易总额与世界 GDP 总额的差额一路攀升。

跨国公司是跨境经济活动最活跃的主体。跨国公司的销售额占全球 GDP 总量将近一半并且还在增长。

近年来，跨境经济活动催生了一系列的国际组织，我把它们称为跨国经济体。一类是地缘性结盟，如：欧盟、APEC；一类是根据经济发展的程度或性质不同而聚类，如：OPEC、OECD、G7、G8、G20、金砖国家。如今，地球是平的，地球是一个村。如果一个企业还没有进行全球资源的整合就一定是一个不强、不大、不优的企业。

第二，跨界。不同界别之间的交流、交叉、交易，不同行业之间的合作、合资、合并。典型的是创新链、产业链、资本链的联动。世界上三链联动最活跃的地区当属美国硅谷地区。硅谷地区本是一片农庄，先是斯坦福夫妇创办了斯坦福大学，斯坦福大学起初相当于中国的中专，"二战"后迅速崛起，现在是国际知名的一流大学。从 20 世纪 60 年代开始，斯坦福大学的学生和校友们创办了一大批国际一流的高科技公司，这些公司现在的年销售额为 2.7 万亿美元,吸纳的就业人员达到 540 万人。按经济总量算,相当于世界经济前十强的国家。更有甚者,这里的企业是世界经济发展的引领者,早期的有惠普,现在有思科、雅虎、谷歌、脸谱等。这里是科技金融最为密集和活跃的地区,在创办企业的同期,诞生了 KPCB,Mayfield 等一批基金投资公司。20 世纪 80 年代,第一家科技银行硅谷银行在这里问世,现在 50% 的风险投资机构支持的美国高科技公司,是硅谷银行的合作客户。例如谷歌、苹果、思科、脸谱等;2013 年风险投资机构支持的 64% 的 IPO 公司,是硅谷银行的合作客户。2014 年 70% 的 CNBC 全球最具潜力的创新公司五十强企业,是硅谷银行的合作客户。

世界上三链联动最典型的企业当属高智发明 (Intellectual Ventures)。高智发明公司以经营知识产权而知名于世界,其创始人内森和爱德华都是曾与比尔·盖茨一起创业的微软高管,内森是首席技术官,爱德华是首席架构师。在微软,内森遇到了同样对专利有深入了解的爱德华。两人共同创立了微软的专利组合,到今天,微软已经是世界上拥有专利最多的公司之一。2000 年 5 月,两人离开了微软,共同创立了高智发明公司。微软、英特尔、索尼、苹果、谷歌这些高科技公司都是高智最初的投资者。在募得 50 亿美元的资金后,高智收集了将近七万笔专利资产,从核能到镜头无所不包。高智的商业模式,就是用资本链做支点,撬动两端的创新链和产业链。它的资本链就是三只基金,一只是 IIF,一只是 IDF,一只是 ISF。三只基金各有分工,其中,IIF 收购别人的专利然后构建专利池,专等侵犯专利者上钩,所以它经常起诉一些大公司,也因此招人非议。IDF 主要经营与别人合作的 5000 个专利和全世界 5000 个最具创新活力的科学家网络。ISF 主要支持本部的实验室研究工作,通常是需要交叉学科合作的世界经济社会发展的难题。后两只基金通过专利转让、专利许可、专利入股等方式赢利,也可以通过量身定做的创新服务而赢利。

第三，跨业。随着人类社会的发展逐步产生了第一产业、第二产业、第三产业，由于技术水平的不断提升和社会利润率归零的叠加作用，第一产业、第二产业虽然贡献了人类社会赖以生存的物质基础，但是在GDP中的地位逐渐下行，现在世界经济发达体以第三产业为主。第一产业基本淡出投资者的视线，在这种背景下，联想控股逆袭而上，投资建立了农业板块，构建起特有的"三全模式"：全产业链集成服务平台、全球化技术资源布局和全程控制的品质管理体系，致力于打造消费者信赖的安全高品质的农产品和食品。在这里，"全产业链"就是"跨业"，从农业生产到食品加工，到产品销售和商业服务，到收购兼并等金融手段助推。联想农业以水果、果干、果汁、果酒为主打产品，掌控了品牌独占的种植品种权，领先的种苗繁育中心和工程技术中心，海内外5万亩种植基地，全国分布的五大产地仓储分选中心，六大销售物流配送中心，覆盖全国的全通路渠道营销网络，使企业迅速实现了可观的赢利。

第四，跨时。我们迄今为止所认知的世界是四维的，由三维空间和一维的时间构成。时间是世界存在的根本。时间是客观的、无情的、恒速的，时间是人间一切喜剧的根源，也是一切悲剧的根源。经济活动怎么能跨越时间呢？300多年前，现代企业制度诞生于欧洲，原本需要上百年才能解决的重大投资等诸多难题，通过股份制企业的"股份"机制短时间内解决了。荷兰的股市投资者使人类社会实现了第一次时间的跨越，把一个个体或几个个体原本需要很多年才能完成的资本积累在一瞬间完成了。1996年，美国诞生了纳斯达克资本市场，把一些没有盈利但前景看好的技术创新类企业放到了资本市场，让投资者用今天的钱换成明后天的钱并实现巨大的增值，结果市场很火爆。美国的创业板使人类社会实现了第二次时间的跨越，把一项原本需要很多年探索才能尝到回报的创新提前让大家分享了。股市是我们经济活动实现跨时的工具。工具很好，用得好不好，看谁用，怎么用。比如菜刀，厨师用菜刀做菜，罪犯则用菜刀砍人。世界上最懂、最会用创业板的是美国股市投资者，他们懂得如何寅吃卯粮，他们愿意为一个好的创意买单。纳斯达克市场上有许多生物医药企业，企业有新技术但没有盈利，股市却很好，这样，一批科学家成了亿万富翁，然后继续做科学家，快乐地、潇洒地继续投入科研。一批投资者挣钱了，后一批投资者又接踵而来。一个科学家有一个很好的创意，如果靠自己的钱做研究，可能要等到驴年马月，但是经过创业板融资，不仅拿到了组织更多科学家共同来做科研的资金，而且通过创业板唤醒了全社会，创造和开拓了市场。创业板把科学家、金融家、企业家、销售员、消费者拴在一条生产线上，实现了时间的跨越。但是，1998 年前后，美国股市投资者把创业板用过度了，跨越时间跨狠了，掉到沟里了。欧洲股市投资者要保守一些，不认创意认产品，企业有产品和销售额了，投资者愿意投资，企业才可以上市。香港股市投资者更保守，不认创意，不认产品，只认利润。这样，香港的创业板总是不温不火。中国大陆的股市投资者，什么都不认只认投机，所以中国创业板，也包括主板市场，像过山车，跌宕起伏。

2016 年的中国政府工作报告中再次提出了新经济，让我们感到欣慰。新经济就应当是以创新为灵魂，以创业板或股市为工具，以高新技术企业为载体的经济。

检验真理的标准是实践，让我们以"跨"经济的眼光来看企业。中国出了一个马云，牛遍了世界，以至有人认为他是外星人。他牛什么，因为他创办了阿里巴巴。阿里巴巴，风卷残云般横扫了中国的实体店，让中国所有的大型国有商业银行都低下了高傲的头。据悉，他又要降伏刀枪不入、长生不老的"三桶油"。可以说，他如今是攻城略地，所向披靡，攻无不克。阿里巴巴凭什么？它在中国开创了"互联网＋"的商业模式和商业时代，凭的就是四"跨"。跨境，它的股东是以软银为首的外资，借鉴或复制的是亚马逊的商业模式，让国人在家就享受"坐地日行八万里"的出国购物；跨行，零售业跨金融业，传统服务行业跨现代服务行业；跨业，从第一产业跨第二、第三产业；跨时，在美国纽交所成功上市，募集了巨额资金。一个企业实现了"四跨"，又恰逢中国经济进入新常态，阿里巴巴的商业模式像是火，政府的政策像是风，火借风力，风助火势，风风火火，越烧越烈。烈火过后是什么？我们拭目以待。

我们可以以"四跨"的维度来看地区和企业。可以肯定的是，从"0跨"到"四跨"，"0跨"者弱，"0跨"者亡；"四跨"者强，"四跨"者胜。

（原载于 2016 年 12 月 12 日《中国科学报》）

迎接绿色发展时代

全球范围许多现象的发生、许多理论的问世、许多实践的探索已经表明，人类社会在经历了机械革命、电力革命、信息革命三次产业革命之后，迎来了第四次产业革命即绿色发展时代的到来。绿色发展时代，人类以最少的碳排放和最少的对自然环境的扰动获取最大限度的物质与精神生活的满足。在习近平生态文明思想的指引下，中国已经进入世界绿色发展的先进行列。

绿色发展以绿科技为基础和支撑。绿科技主要包括"4C"科技：清洁科技（Clean Technology）、数字科技（Computing Technology）、健康科技（Health Care Technology）、创意科技（Creative Technology）。

为了赢在绿色发展时代，文章提出了五项建议：一是在国际上高举绿色发展大旗，巩固和提高我国的国际地位；二是狠抓绿科技创新，让全世界的绿科技创新为我国所用；三是制定配套政策；四是抓行业试点；五是抓区域试点。

绿色发展时代的到来

人类社会已经历了机械革命、电力革命、信息革命三次产业革命，现在大家在关注、观望第四次产业革命是否已经到来。

全球范围许多现象的发生、许多理论的问世、许多实践的探索已经表明，第四次产业革命实际上已经到来，一个新的时代已经到来。

这次革命如果要冠名，最为合适的名称就是绿色革命，这个新的时代就是绿色发展时代。这里的"绿色"是广义的概念，其涵盖的范围已经远远超出了产业的概念甚至经济的概念，形成了包括科技、经济、文化、法规、政策等内涵的经济社会发展方式。从哲学原点上看，绿色发展是一种价值观，体现人类与自然良性互动、和谐共存、持续发展的状态与境界。如果说，前三次产业革命是人类对自然开采的力度加大和速度加快，那么，第四次产业革命是人类对自然的"还债"和"礼遇"，是对人与自然关系的再平衡。因此，我们可以这样来认识和理解绿色发展时代：人类社会进入这样一个时代，人类以最少的碳排放和最少的对自然环境的扰动获取最大限度的物质与精神生活的满足。

绿色概念的提出，应当追溯到 20 世纪 60 年代。1962 年，美国人卡逊发表了《寂静的春天》，对传统工业文明造成环境破坏做了反思，引起各界对环境保护的重视。1972 年，罗马俱乐部发表了《增长的极限》，对西方工业化国家高消耗、高污染的增长模式的可持续性提出了严重质疑。但在当时，绿色理念主要集中在污染的末端治理方面。1987 年，世界环境和发展委员会发表《我们共同的未来》，强调通过新资源的开发和有效利用，提高现有资源的利用效率，同时降低污染排放。1989 年，英国环境经济学家皮尔斯等人在《绿色经济蓝图》中首次提出了"绿色经济"的概念，强调通过对资源环境产品和服务进行适当的估价，实现经济发展和环境保护的统一，从而实现可持续发展。此后于 1991 年出版的学术著作《绿色经济》在更加广泛的框架内探讨了环境与经济的关系。

2008 年国际金融危机爆发后，美、欧、日等发达国家陆续出台经济刺激计划，力图通过科技、产业创新推动向绿色经济转型。美国总统奥巴马上台后，积极调整环境和能源政策，明确提出"绿色新政"，旨在通过大力发展清洁能源，在新兴产业的全球竞争中抢占制高点。直到今天，绿色发展已经是美国民主党和社会知识精英的共识。

欧盟更是绿色经济的倡导者和先行者。2009 年 3 月，欧盟宣布在

2013 年前出资 1050 亿欧元支持"绿色经济",促进就业和经济增长,保持欧盟在低碳产业的世界领先地位。同年 10 月,欧盟委员会建议欧盟在 10 年内增加 500 亿欧元用于发展低碳技术。2010 年,欧盟委员会发布《欧盟 2020》战略,提出在可持续增长的框架下发展低碳经济和资源效率欧洲的路线图。2012 年 4 月,欧盟环境部长在欧盟环境与能源部长非正式会议后表示全力支持欧盟发展绿色经济,认为发展绿色经济不仅能缓解就业难题,还能提高欧盟国际竞争力,是欧洲国家走出经济危机的唯一出路。

2012 年 7 月,日本召开国家战略会议,推出"绿色发展战略"总体规划,特别把可再生能源和以节能为主题特征的新型机械、加工作为发展重点,计划在 5～10 年内,将大型蓄电池、新型环保汽车以及海洋风力发电发展为日本绿色增长战略的三大支柱产业。发展中国家也高度重视绿色发展,巴西重点发展生物能源和新能源汽车,成为发展中国家推动绿色经济转型的典型。巴西耕地面积辽阔、农业发达,利用广泛种植的甘蔗、大豆等作物开发替代石油的乙醇燃料,使生物能源在其能源消费结构中占据半壁江山,其出售的新车中约 80% 是可以使用乙醇燃料的新能源汽车。

印度土地资源、水资源、林业资源等都非常有限,资源约束和环境压力较大。2008 年印度政府颁布"气候变化国家行动计划",涵盖了太阳能、提高能源效率、可持续生活环境、水资源保持等八大计划,并以太阳能计划作为核心。印度希望凭借太阳能资源丰富的优势,增强行业竞争力,力图在 20～25 年内,将分散的千瓦级太阳能发电和光伏发电系统发展成为兆瓦级可配送聚光发电系统,并提出相应配套措施,要求电网系统必须购买可再生能源电厂的电,并施行累进目标制度。此外,印度还把应对气候变化需要与经济发展目标相结合,将促进可再生能源使用与全国农村就业保障法案、节能灯推广计划等社会发展规划结合起来,带来了良好的社会效益。在世界经济复苏乏力的背景下，新兴市场国家对以往发展模式进行反思，普遍意识到只有通过绿色发展实现增长方式转型，才能避免在下一轮国际经济竞争中陷入被动。

《联合国气候变化框架公约》第 21 次缔约方大会暨《京都议定书》第十一次缔约方大会于 2015 年 11 月 30 日至 12 月 11 日在巴黎举行，184 个国家提交了应对气候变化"国家自主贡献"文件，涵盖全球碳排放量的 97.9%。超过 150 个国家元首和政府首脑参加了本次气候大会的开幕式。2015 年 12 月 12 日，《联合国气候变化框架公约》近 200 个缔约方一致同意通过《巴黎协定》，协定将为 2020 年后全球应对气候变化行动作出安排。这是人类社会发展史上一个里程碑：世界各国第一次这么团结，是因为大家共同的敌人来了——气候变化威胁着人类共有的地球家园。

习近平绿色发展思想是习近平新时代中国特色社会主义思想的重要组成部分。在习近平绿色发展思想的指引下，我国进入了世界绿色发展的先进行列，受到了世界各国的赞许和期待。我国在党的十八届五中全会上明确提出了"绿色"发展的核心理念，作出了全社会进入绿色发展时代的动员和布局。习近平总书记在多个场合强调了绿色发展的思想。"绿色发展和可持续发展的根本目的是改善人民生存环境和生活水平，推动人的全面发展。""我们要以极其认真负责的历史责任感对待环境与发展问题，坚持走可持续发展道路。""我们将继续实施可持续发展战略，优化国土空间开发格局，全面促进资源节约，加大自然生态系统和环境保护力度，着力解决雾霾等一系列问题，努力建设天蓝地绿水净的美丽中国。""我们既要绿水青山，也要金山银山。宁要绿水青山，不要金山银山，而且绿水青山就是金山银山。""建立在过度资源消耗和环境污染基础上的增长得不偿失。我们既要创新发展思路，也要创新发展手段。要打破旧的思维定式和条条框框，坚持绿色发展、循环发展、低碳发展。""加快经济发展方式转变和经济结构调整，是积极应对气候变化，实现绿色发展和人口、资源、环境可持续发展的重要前提。""要大力弘扬生态文明理念和环保意识，坚持绿色发展、绿色消费和绿色生活方式，呵护人类共有的地球家园，成为每个社会成员的自觉行动。"习近平总书记在党的十九大报告又指出："推进绿色发展。加快建立绿色生产和消费的法律制度和政策导向，建立健全绿色低碳循环发展的经济体系。构建市场导向的绿色技术创新体系，发展绿色金融，壮大节能环保产业、清洁生产产业、清洁能源产业。推进能源生产和消费革命，构建清洁低碳、安全高效的能源体系。推进资源全面节约和循环利用，实施国家节水行动，降低能耗、物耗，实现生产系统和生活系统循环链接。倡导简约适度、绿色低碳的生活方式，反对奢侈浪费和不合理消费，开展创建节约型机关、绿色家庭、绿色学校、绿色社区和绿色出行等行动。""绿色"在党的十九大报告中出现 15 次，是使用频率最高的措辞之一。习近平对发展绿色技术极为重视。他指出："要加快开发低碳技术，推广高效节能技术，提高新能源和可再生能源比重，为亚洲各国绿色发展和可持续发展提供坚强的科技支撑。"

绿科技的兴起

前三次产业革命是科技创新驱动的结果，科学在无意间播下了技术的种子，而种子发芽、生根、苗壮成长于人类社会的期望之外，科学—技术—产业—市场的价值链中，市场是被创造出来的。第一次产业革命中，当火车的发明人英国矿工斯蒂芬孙自己动手制作的第一台机车于 1814 年 7 月 25 日运行上路时，许多人要打火车，还有人炸毁铁路，因为火车破坏了他们的生产生活秩序。火车进入中国，却因路权之争，点燃了辛亥革命的导火线。

本次产业革命即绿色革命与前三次显著的不同在于市场或需求驱动更为重要，强烈的需求呼唤着科技创新。什么科技能满足人类以最少的碳排放或对自然环境最少的扰动换取人类对精神和物质生活的需求？绿科技，我们把能够满足绿色发展需求的科技统称为绿科技。

注册于香港的绿色科技联合有限公司自 2009 年起，组织国际国内上千名专家撰写《中国绿色科技报告》，并在国际上产生了积极的反响。其科技内涵包括新一代能源价值链、低碳生态城市、建筑环境、电动汽车、可持续发展。

美国劳工局自 2011 年开始，用 GTP（Green Technologies and Practices）监测各行业的"绿色"程度，2011 年，美国 57% 的行业采用绿科技提升了能源效益，50% 以上的行业用绿科技实现了污染物和废弃物减排。

绿科技包括哪些内容？我们以"4C"概括。第一个"C"是英语"Clean Technology"，清洁科技，包括清洁能源，清洁能源中包括了清洁化石能源、可再生能源、核能、地热能源等。纵观人类文明发展史，人类祖先"遇水而居"，因而诞生了一系列以水域命名的文明，如黄河文明、尼罗河文明，等等。此后，世界强国因能源而起，第一次产业革命中，英国因最先开发和掌握了煤炭而成为世界头号强国；在第二次产业革命中，美国最先发展了电力工业，又因为掌控了石油而成为世界头号强国。煤炭，因迄今为止的科技尚不能对其进行清洁有效的充分利用，渐渐让位于石油；石油，因其清洁利用和资源开发的局限性又显现被页岩气取代的趋势。人们在争议中逐步认识到化石能源对环境和气候的影响，全球气候变化正在威胁着人类共同的家园——地球，于是，大家开始寻求人类未来的可再生能源和清洁能源。在清洁能源的诸多选择中，甲醇燃料正在受到有识之士的重视和一些国家的关注。甲醇与其他能源相比，有明显的比较优势。甲醇是清洁的煤、便宜的油、移动的电、简装的气。而且，随着科技的进步，甲醇完全可以来自于空气中的二氧化碳和取之于水的氢的合成，也就是完全可以不依赖于资源，成为人类 21

世纪新千年取之不尽用之不竭的清洁能源。中国科学院院长白春礼院士、副院长张涛院士，国家自然科学基金委主任李静海院士，国际知名学者施春风教授在国际权威杂志《焦耳》上联合署名发表了《液态阳光经济》论文，阐述了甲醇作为燃料的重要意义，是人类走向未来21世纪新千年的能源选择。清洁技术还包括了环保产业的许多技术，如水、空气、土壤的洁净技术，固废的处理技术，此外还包括清洁过程技术和绿色材料技术等。中国科学院最近成立了"中国科学院绿色过程制造创新研究院"，李静海院士、张锁江院士领衔的科学家团队将通过介科学推动化工、材料、能源等产业的绿色制造。

第二个"C"是英语"Computing Technology"，计算科技，或者说数字科技。人类社会的文明进程与计算科技的发展始终紧密地联系在一起。有人认为，诞生于希腊的古代西方哲学一开始就关注并研究了诸如$\sqrt{2}$等数学问题，因此，希腊哲学孕育了古代、近代、当代科学，从欧几里得到牛顿再到爱因斯坦，无一不是以计算为核心，一脉相传。牛顿的《自然哲学的数学原理》，把数学植入自然科学的机体，数学被普遍地应用于各学科，开启了近代科学的新时代。图灵把计算和机器联系到一起，此后的香农又把计算和信息联系到一起，从此，机器渐渐地走上了越来越像人的不归路。环顾当今世界发生的一切，不论是方兴未艾的互联网，还是处于风口的物联网，或是恩宠有加的人工智能AI，或是神出鬼没的区块链，或是风起云涌的大数据，其核心都无一例外是计算或数字。这些技术的目的，无非是让机器越来越像人，最终代替人。

第三个"C"是英语"Health Care"，健康科技。人是手段更是目的，科学的终极目标是解决人类面临的问题。人要研究人本身，特别是人的智慧和精神，就像让一个力大无比的举重运动员举起他本人是不可能的，是一个逻辑悖论。这个悖论说明，健康科技是最古老的科技也是最前沿的科技。

为什么把健康科技归类于绿科技？因为，我们已经看到，以前我们治疗疾病的药物主要靠化学药，但化学药的副作用越来越不能被大家接受，而且，化学药制备的过程耗费资源，污染环境。比如，医药中间体的生产从发达国家转移到中国，从中国的发达地区又转移到欠发达地区，欠发达地区发展了，再接着转移。以前以化学药为主的时代正在走向衰落，中国的中医药正在兴起，更重要的是生物医学异军突起，势不可当。当代生物医学的发展表明，我们健康的灵丹妙药不是那些以破坏环境为代价的化学药，也不是藏在深山老林里的中草药，可能就在我们人体自身。问题是如何挖掘和利用藏在我们人体自身的"灵丹妙药"？答案是生物医学。生物医学日新月异，此起彼伏，不断给人类带来惊喜或惊恐，当前一些前沿领域格外引人注目。基因治疗。1998年，科学家们确认了基因干扰技术可以定向让某一基因"沉寂"，可用于治疗疾病，但也有其他隐患。2001年2月12日，美国、英国、法国、德国、日本和中国6个国家的科学家宣布完成了人类基因组图谱及其分析结果，人类开始拥有了读懂自身基因这本天书的"字典"，这是生物医学发展的一个里程碑，给人类认识和改造生命增添了自信。特别是基因编辑技术的问世，标志着人可以改变生命，人可以"编辑"人。如果把人体比作计算机，基因就是软盘，基因编辑技术就可以在人这台计算机上随意使用基因这个软盘。前不久，人类的第一个基因编辑婴儿在中国诞生了，引起全世界的恐慌和谴责。免疫治疗。CART技术成功用于癌症治疗后，紧接着2018年度的诺贝尔医学奖给了PDL1研究工作，免疫治疗，特别是肿瘤的免疫治疗给人类征服癌症带来曙光。干细胞技术、克隆技术、组织工程、胚胎工程、蛋白质药物、小分子药物，伴随诊断和靶向治疗，凡此种种，生物医学的进展一浪高过一浪。我们试想，如果以上这些生物医学技术进一步发展和成熟，我们人类的许多疾病就可以治愈了，衰老就可以延缓了，长相也可以如愿改变了，寿命也可以延长了，长生不老不再是梦，将使人越来越像"神仙"了。

第四个"C"是英语"Creative Technology",创意技术和创意产业。AR、VR等一系列科技创新将使传统文化产业迭代升级,以最少扰动环境的方式满足人类的精神生活的需求。VR技术使毛主席在诗词中的豪迈语句"坐地日行八万里,巡天遥看一千河"成为现实;AR加VR技术,可以使分居两地的夫妻过上幸福的夫妻生活;可以让名人走进自己的生活,让好梦成真。智能体育竞技运动或电竞运动,可以"运筹帷幄之中,决胜千里之外"。服务机器人和机器人宠物走进家庭,嘘寒问暖,给人体贴关怀、精神慰藉。科技旅游与体验活动,如,中国科学院在贵州建设的"天眼",观光游客的门票收入很快超过了建设的投资,武夷山航天馆的游客人数超过了同期武夷山景点的人数。

机遇与对策

绿色发展时代的到来,充满了机遇和挑战,能否抓住机遇,关键在对策。对一个国家、一个地区、一个单位、一家企业,如果对策对了,那么,在你面前将处处是机遇,遍地是黄金。

习近平总书记关于绿色发展的思想是指引我国绿色发展对策的总纲,我们要真正做到学深、悟透、做实。进入绿色发展时代,几乎一切都是新的,一切都是反传统的。观念是新的,理念是新的,现象是新的,问题是新的,挑战是新的,标准是新的,方法是新的,工具是新的。为此,我们要真正坚持"四个意识",积极作为,主动进取,敢于创新,大胆担当。为了党和国家的利益,为了子孙后代的幸福,个人必须不计得失,不怕挫折,勇往直前。在此前提下,我们建议采取以下对策:

第一,在国际上高举绿色发展大旗。中国已经是世界第二大经济体,还是年增量最大的经济体,对世界的影响客观存在,夸大了超前了不行,退却了也不行。在许多场合我听见欧洲政要说,中国只要坚持绿色发展,和平崛起，我们就愿意跟中国走。在全球气候变化这个人类的共同"敌人"面前，中国担当起大国的责任，高举绿色发展这面义旗，加之中国市场的魅力，容易凝聚共识，容易赢得多数国家、多数政党、多数人的支持。我们的国际环境会因此宽松和谐，从而也容易引进发达国家和地区先进的绿科技。

第二，狠抓绿科技创新源头。绿科技是当前的科技前沿，我国应当聚集资源给予重点配置。同时，我们要开放创新，充分引进和利用发达国家先进的绿科技。为此，建议"五绿"同步推进：以企业机制建立绿色发展国际实验室，作为国际先进绿色技术进入中国的"桥头堡"、孵化器或加速器；组建"绿色发展母基金"和绿科技基金，对全球先进的绿科技公司和股权进行并购；依托香港和内地的自贸区建立绿科技股权跨境交易平台，也可以通过 DRC 和 VIE 结构进行绿科技的股票跨境交易；在境内，把绿科技作为科创板的重点内容，或在沪市深市中建立绿科技通道；在一些地区建设绿科技落地和聚集发展的科技产业园。

第三，抓配套政策制定。绿色发展涉及面广、政策性强、科技含量高，因此，政府相关部门应当协同支持、多措并举，推出包括绿色金融、绿色标准、碳税和碳交易等在内的绿色新政。

第四，狠抓行业或领域试点。绿色发展首要的行业或领域就是能源。建议国家积极实施"液态阳光经济"。关于"液态阳光经济"，中国科学院院长白春礼等人有专门报告，李书福也有人大代表提案，在此不做赘述。

第五，狠抓地区试点。在绿色发展有一定基础和积极性且有经济实力的省或市，推动先行先试，不断总结，逐步推广。

走绿色发展之路，是中国成为世界强国的必由之路。

（原载于 2019 年 2 月 26 日《中国科学报》）

也说"医药代表不得入内"

在许多医院都看到过"医药代表不得入内"或"医药代表谢绝入内"的标识，看到者也许视而不见，也许熟视无睹，也许无动于衷，也许顿有所悟。智者见智，仁者见仁，本是当然。笔者虽然不是医药代表，却觉得这样的标识格外刺眼，驻足细品，果然感触颇多。

感触之一，医药代表是谁？难道他不是有中国特色的社会主义社会的合法公民吗？如果他不是有中国特色的社会主义社会的合法公民，而是来自他国异乡的境外人士，通常不是更受欢迎吗？难道他是罪犯？罪犯还能"保外就医"。实际上，我们都知道，医药代表是医药产品的销售人员，是具有一定医药知识或经过相当专业学习的公司员工，是人民群众的一员，是老百姓的一员，是不劳不得、少劳少得、多劳多得的劳动者！是把医药产品从药厂送到医生手里的劳动者。

感触之二，为什么"医药代表不得入内"？难道我们国家有什么法律剥夺了医药代表的人权了吗？难道我们的哪家地方政府制订了歧视医药代表的条例了吗？都没有。实际上，我们也知道，这是管理当局为了在工作场所或医生行医场所禁止医药推销或销售业务，为了在医生和医药代表之间划清界限，保障良好的医疗秩序。

感触之三，"医药代表不得入内"的标识在医药领域起到防止行业不正之风和腐败的作用了吗？笔者特别注意到，北京某知名医院的许多科室门口有"医药代表不得入内"的标识，而恰恰在这家医院发生了正、副院长、设备科长因商业受贿而被判刑的案件。

感触之四，今天，医药代表与医生共同站在为人民（病人）服务的一条战线上，只是分工不同，医院把"医药代表不得入内"用在医药代表身上，不是"同室操戈，相煎何急"吗？

医药代表和医院或医生的关系，本质上是厂商和用户的关系，这既是一组关系也是一对矛盾，构成了和谐社会的重要组成部分，也是医药产业链的重要组成部分。如何构建医药代表和医院或医生间正常、健康、和谐的关系，是我们面临的社会问题。我们不可矫枉过正，因噎废食，不能因为要倒洗澡水而把洗澡的孩子给倒掉了。

我们要在医药行业进行持久有效的反商业贿赂，要限制和规范厂商和用户间的"对立"关系，杜绝可能出现的贿赂等不正当的现象，同时，要正确对待和处理"医"和"药"之间天然的依存关系。只有科技人员、销售人员或医药代表和医生站在同一条战线上，我们的广大患者或老百姓才有可能用上放心的好药新药，我们国家的医药产业才有希望。

（原载于 2011 年 9 月 16 日《科学时报》）

企业在技术创新体系中的主体作用是什么

企业在技术创新体系中要发挥主体作用是我国当前和今后的一项重要国策，全面、准确地认识其含义是十分重要和必要的。

要回答企业在技术创新体系中的主体作用是什么，首先要了解技术创新体系和创新价值链的组成。技术创新体系是完成技术创新这一社会活动和功能的相应社会结构及其组成，其主要包括政府、高校、科研院所、企业、个人，还有军队、事业单位、家庭等各式各样的用户。党中央、国务院明确要求，我国要建立以企业为主体、市场为导向、产学研相结合的创新体系。创新价值链，是创新活动全过程及其要素的相互关系，是投资、研发、生产、销售、售后服务循环往复的过程，以及贯穿全过程的人员、资金、物资、信息的组合。以前，技术创新的主体给了科研院所，其结果往往是论文、奖励、样机，不能产业化。国家在这里花钱、搞科研开发，企业在那里照样花钱引进技术。

企业在技术创新体系中的主体作用，就是企业在技术创新全过程作为承担者、组织者的责权利的捆绑和统一。首先，企业要承担起技术创新的自身责任和社会责任。一个企业要生存和发展，要在竞争中取胜，其自身的产品或技术或服务的性能价格比必须具有竞争力，产品的性能价格比，归根结底是技术创新的问题。同时，企业的生存和发展，不仅要追求本身的利益最大化，而且必须要满足人类社会正当的物质与文化需求，有利于构建和谐社会，促进社会经济的可持续发展。企业既要保障自身在竞争中立于不败之地，又必须遵守国家法规和社会道德，唯一的出路就是技术创新。企业对技术创新的需求最敏锐、最迫切、最真实，换言之，技术创新是企业的天性和天职。技术创新的成果主要表现为产品，只有企业才是产品的母体。

是否所有的企业都具备技术创新的天性和天职？不是。这犹如爱情之于人类，没有完成发育的孩子是不懂也没有爱情的。在经济质量低劣的国家或地区，在市场竞争无序的国家或地区，技术创新充其量就是一句索然无味的政治口号。

要企业承担起技术创新的责任，就必须赋予其相应的权利，主要表现为在国家科技布局和计划中平等参与的机会和对应的资源配置权利。要改变以往企业在承担国家科技任务时当配角的局面，要改变企业在社会上的"弱势群体"地位。在承担科技任务时，企业是"主承包商"，是"工头"，在产学研联合中，企业是主角，是组织者。

在技术创新体系中，企业是既得利益者。企业不是社会福利机构，也不是拥有公益权利和责任的政府机构，而是合法赢利的经济实体。技术创新是企业对超额利润的追求。企业承担科技项目也好，增加销售收入也好，从表面上看，是企业独家得到了资金，是少数人获利。但是，我们要认识到，企业所得资金的分配和流向：销售收入要支付直接成本，支付上游原材料的供应商，支付水电气热等日常耗费，这是经济增长或投资对产业群的辐射带动作用；支付员工工资，这是安排就业解决社会安定问题的有力保证；支付利息"养"银行；更大的比率是纳税，无论税种多多、税率多高，企业都要无条件接受，"养"政府是企业的光荣义务。最后剩下的是利润，如果是国有企业或国有控股企业，这钱还是全国人民的。反之，如果企业亏损了，倒闭了，首先遭殃的是员工，员工没有了收入就从社会的贡献者变成了政府的麻烦者。如果民族企业都倒闭了，那么全国人民就得准备接受外企的"殖民"和剥削。比如,如果有一天降价和招标把民族医药企业都整倒了,中国人民"看病贵看病难"的问题就更严重了。因此,自主创新、技术创新,利在企业,利在国家和民族,更利在社会和大众。

（原载于 2007 年 5 月 17 日《科学时报》）

R&D&M 模式与我们的对策

"R&D"是科技界乃至全社会都熟悉的一组词，中文通常称为研发，指科学研究与技术开发活动。由于此二者的相互关系紧密到了这样的程度，其间的 and 就逐渐被符号 & 所替代。今天，我们正越来越贴切地感受到，研究、开发、市场或科学、技术、产业间的关系已成为不可分割的三者统一体。在这里，我将这三者的统一体表述为 R&D&M（Research and development and market）。此统一体模式的形成，不仅仅是科技界的事情，也不仅仅是产业界的事情，这一新生事物必将对社会的发展产生全面而深刻的影响。

我们试以生命科学、生物技术、生物产业三者的关系来剖析 R&D&M 统一体。生命科学在 1953 年发生了一件重大事件，这就是由美国遗传学家沃森和英国分子生物学家克里克及生物物理学家威尔金斯（和罗莎琳·富兰克林）在剑桥大学的卡文迪什实验室通过用 X 射线对 DNA 作衍射图像提出了 DNA 的双螺旋结构模型。该模型表明，DNA 分子是互相缠绕的两条螺旋状糖与磷酸组成的长链，中间由嘌呤和嘧啶联结而成双螺旋构型。若长链分开，则每一条链均可作为模板，以细胞中的小分子物质为原料重新组成碱基序列与模板互补的新长链，从而又形成原来的双螺旋构型，就是半保留复制。沃森、克里克、威尔金斯因此于 1962 年获得了诺贝尔生理学或医学奖。这是分子遗传学的奠基，是典型的基础研究。"R"的部分完成后，接踵而来的是"D"。1972 年，在 DNA 双螺旋结构模型的理论基础上，美国生物学家伯格完成了 DNA 重组实验（他因此与吉尔伯特·桑格荣获了 1980 年的诺贝尔生物学或医学奖），基因工程出现了雏形。1973 年，美国科学家科恩重组了质粒，构建了工程菌，完成了基因工程的全部基础实验，一项新的生物技术问世了。"D"的部分完成后，必然延伸到"M"市场。1983 年，美国的 Genentech 公司利用基因工程生产出了第一个基因工程药物人胰岛素并投放了市场。我们可以将上述过程简要概括为：

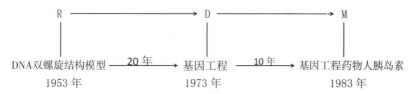

上述过程，表现了这样一些特点：1. "R"是因，"D"和"M"是果，先有"R"再有"D"最后才有"M"。就上述过程而言，用了 30 年时间。2. "R"和"D"的经费由政府投入，在研究型大学的实验室内完成，"M"由公司承担或完成。3. "R""D""M"由不相隶属的机构或人完成。

2003 年是 DNA 双螺旋结构发现 50 周年。50 年时间过去了，今天的生物学已进入后基因组时代。随着科学的发展和技术手段的改进，过去要由很多人用很长时间来完成的某些事情，今天只要一按按钮就能完成了。如蛋白质与 DNA 的合成，DNA 和蛋白质的测序等，都已有了先进的仪器。人们发现，R&D&M 三者的关系不再固守原先的规则了，其间的因果关系、先后顺序也可双向化了，其间的距离也缩短了，可表述为：

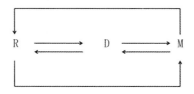

例如，为了攻克癌症这一危害人类健康的疾病，美国在20世纪90年代发起了人类基因组计划。可以说，这一计划是由市场需求即人类健康的需要驱动的，而着力点却在基础研究。基因组测序完全是基础研究，是对生命本质的认识，测序本身不存在知识产权保护，一切成果都由全世界共享。但是，测序工作紧接着就推动了其他学科与技术的发展，迎来了后基因组时代，蛋白质组技术、生物信息技术、生物芯片技术等新一代的生物技术群迅速问世，这些技术对医药产业、农业、环保、化工等产业必将产生深刻和巨大的推动作用。这一过程可表述为：

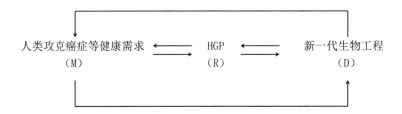

主要发达国家和世界大型医药跨国企业都十分重视HGP，许多医药与生物技术公司投巨资参加HGP或后基因组时代的生物技术群的研发。

随着R&D&M模式的出现，世界上绝大多数工业企业都十分注重R&D。工业企业的竞争已从产品的销售这一产业链末端向产品的研发乃至基础研究这一产业链高端延伸。生物医药跨国企业中，2000年R&D投入占当年销售收入15%以上的企业有Astra Zeneca、Aventis、礼来、辉瑞、法玛西雅等公司，其绝对值均在20亿美元以上。

我国工业企业的大多数仍属于原材料加工型企业、传统制造业企业，而技术密集型企业、高新技术企业、研究型企业的力量尚处在弱小时期。有统计资料表明，我国的大中型企业中78%以上没有研发机构，在1998—2000年的电子百强企业中有56家企业没有申请过自己的专利。

改革开放20多年来，我国企业迅速发展，"中国制造"的低技术含量产品已跻身甚或充斥国际市场。但这一过程充其量只能说我国企业完成了"生长"过程，也即量变的过程，完成这一过程主要凭借的是因我国整体经济水平与生活水平较低而形成的劳动力成本等制造业的成本低的优势，这是发展中大国的优势。经济学研究出的规律表明，发达国家在获得某项技术创新并使之产业化后，凭借其技术优势占领或垄断市场，获取超额利润，在本国或本地区的市场趋向饱和后，再将产品输出到发展中国家，在产品的利润趋向社会平均利润的时候，再将技术输出到发展中国家，然后，再将整个产业转移到发展中国家。发展中国家接过发达国家"玩剩下"的这一产业后，依赖其吃苦耐劳的廉价劳动力等制造业成本优势继续发展这一产业，并将产品返销到发达国家。我们要为我们民族企业的"生长"感到喜悦，但我们更需要保持清醒的认识。1840年鸦片战争发生时，我国的经济总量在世界上名列前茅。

如今，我国已加入 WTO，而世界范围内的企业竞争日益"高端化"，R&D&M 模式已成为工业企业成功的必然选择，我国企业应当迅速转移到依靠 R&D 能力提高的轨道上来。政府当与企业一道采取有力措施迅速提升企业的研发能力。政府应采取切实措施鼓励大型企业建立自己的中央研究院等研发机构，应鼓励大院大所的国家重点实验室与企业合作，应扶持已转制的研究院所，使之成为研究型企业。中国的企业应当到了"发育"的时候了，应当到了质的飞跃的时候了，应当到了拥有企业内在的竞争力与再生的生命力的时候了。唯有企业完成了"生长发育"，我国才有可能跨入世界强国之列。

访美考察报告

笔者自1996年2月18日至4月29日，赴美作了考察学习。在美期间，访问了芝加哥、纽约、波士顿、普林斯顿、圣路易斯、华盛顿、马里兰、弗吉尼亚、巴尔的摩、伯明翰、旧金山、洛杉矶等地，参观访问了当地的高校，如哈佛大学、麻省理工学院、芝加哥大学、普林斯顿大学、耶鲁大学、哥伦比亚大学、斯坦福大学、加利福尼亚大学等20多所学校，参观访问了美国科学院、国立卫生研究院（NIH）、费米实验室，还参观了各地的博物馆和一些高技术公司。在美期间，访谈了美国教授20多人，持绿卡的华人学者50余人。参加了一些社会活动，建立了中国科学院与《侨报》的联系，达成了今后合作的意向。

访问学习，收获甚丰。先写成汇报材料如下：

在美国成长着的中国科技力量

一、引论

中国学者到国外留学，是中国近代当代社会发展变化的一大特点。清朝末年，曾国藩等有识之士痛感国力衰弱，决定"师夷长技以制夷"，首倡中国学子到国外留学，从此，一批批中华优秀儿女远涉重洋，到异国他乡求学。他们当中有些已成为科学巨匠，有些默默奉献，为人类社会进步，为中国科技事业和社会的发展做出了巨大贡献，他们当中有的已名垂青史，如首批留洋学者詹天佑，有的已成为外籍著名学者，如李政道、杨振宁，有的则学成归国成为中国当代科技某一学科的奠基人或创始人，如钱学森等。

留洋学者的轨迹反映了一个发展中国家或民族的发展与变化的趋势，值得关注。

今年，是中美学术交流 15 周年。15 年以来，从中国到美国留学并留在美国的人员共约 12 万，他们当中，有的已进入美国高等院校的教授行列，有的长期在做博士后，有的还在攻读学位，这些人共约 7 万左右；有的已弃笔从商，这些人约 5 万左右。他们的状况怎样，学术地位如何，在做什么打算，这是一个涉及我国 21 世纪发展的问题。

二、在美中国学者的学术地位及其前瞻

在美国的任何一个地方，你都很容易遇见中国人，在美国的任何一所学校或研究所，你都可以遇见中国学者。在 NIH（美国国立卫生研究院），有中国学者 577 人。据说，在 NIH 的一些学术研讨会上，有时可以用中文进行交流。因此有人估计，美国的一流的生物学实验室，有 1/3 的研究人员是中国学者。为了全面了解中国学者的学术地位，笔者在访美期间，查阅了世界最权威的学术刊物《科学》《自然》和生物学最高权威杂志《细胞》。1995 年全年，在这三本杂志中，中国学者发表学术论文情况如下：

《细胞》《科学》《自然》1995 年中国作者比例（%）

刊物 比例 作者	《细胞》	《科学》	《自然》
第一作者	15.10	10.10	10.93
其他作者	20.51	13.34	11.88
合　　计	35.61	23.44	22.81

比例是指有中国作者的论文数与总论文数之百分比。在某些期刊上，过半数的论文是由中国作者参与或牵头（第一作者）撰写的。这三种杂志，几乎没有哪一期没有中国作者（《科学》和《细胞》1995 年全年各有一期，《自然》全年有三期没有中国作者）。

中国作者中不包括台湾地区学者（为便于说明问题，未将台湾地区学者纳入。名字的不同汉语拼音法可资区别），同时，作者的情况（在什么实验室完成工作，是否与外国人合写）表明，绝大多数的作者是在国外的学者，是在美国的学者（比例极高，未做进一步统计）。根据学术界的惯例，第一作者是研究工作的主要策划者和完成者，他们多是博士后或低于助教授（assistant professor。相当于或接近于我国的副教授职称）职称的研究人员。在"其他作者"中，最后作者比例，《自然》《科学》《细胞》分别为 0.8%，0.3%，0.3%，最后作者往往是实验室的负责人，是助理教授以上职称者。

《科学》《自然》《细胞》的学术研究论文代表着世界学术界的最高水平和最新进展，以在这三种杂志上发表论文的作者情况看，中国学者发表的论文数至少居于世界前 5 位，从这个角度说，中国科技力量已进入世界五强。但是，这些中国作者当中的绝大多数人在美国，而且，他们绝大多数人是活跃在科研前沿的"劳动力"，而不是学术带头人。也就是说，他们具备了在世界科技前沿从事研究的能力，但没有相应的社会地位，这是一种巨大的科技潜力。

这支科技的潜力股发展前景如何呢？这确实很难准确预料，也许我们可以从历史的回顾中窥到一些趋势。笔者查阅了上述三种刊物 1985 年的论文情况，并将 1985 年与 1995 年做了如下比较。

刊物 年份 比例	《科学》		《自然》		《细胞》	
	1985 年	1995 年	1985 年	1995 年	1985 年	1995 年
第一作者	1.02	10.10	1.18	10.93	0.97	15.10
其他作者	1.02	13.34	2.57	11.88	3.62	20.51
合　计	2.04	23.44	3.75	22.81	4.59	35.61

如果查阅 1985 年的上述刊物，你几乎不能觉察出中国的存在，而如果查阅 1995 年的上述刊物，有时你会以为这是中国的学术刊物。十年之间，变化、发展之快令人叹服。

十年的历史告诉人们，中国人在世界的学术前沿正在迅猛成长。

三、在美中国学者的状况和心态

现在的美国学者，凡是 1990 年以前出国的已持有绿卡（永久居住权），1990 年以后出国的多在为绿卡而奋斗。他们的状况大致可归纳如下。

政治态度和社会活动：笔者访美期间正值台海局势紧张，此事牵动着每一个中国人的心。在美的中国学者几乎人人都坚决拥护祖国的统一，赞成党中央采取的政策、措施，强烈反对美国的介入。很多人都成为我党对台主张的宣传员，对美国朋友进行解释、劝说。甚至有人说："如果发生战争，我就回国投入战斗。"笔者在纽约结识一位女士，她赞成我党对台的主张，她丈夫是美国人，对我国政府存在许多误解，为此二人经常争吵。凡反对我国统一的美国人上她家，她都表示不欢迎，她丈夫逐步屈服迁就了。绝大多数学者对海外的"民运分子"持否定态度和警惕心理。对一些败坏国家形象的人士很憎恶。如对李志绥、吴宏达，人们多唾弃他们，认为他们卖国求荣。许多人说，出国前，牢骚甚多，不知爱国为何物，出国后体会甚多，才知国家是自己的大"家"。

许多人非常关心国家的发展。如在华盛顿大学任教的助理教授饶毅博士，经常向国内撰文介绍国外的最新科技进展，有时向有关部门提出一些建设性意见。最近，他和弗吉尼亚大学的梅林助教授、国立卫生院的鲁白助教授一同拟与中科院合作建实验室。

许多人出国后开始热心于组织或参与社团活动。现在美国的华人组织数不胜数，有以学术事业名义成立的，也有以祖籍所在地为名创办的，五花八门。这些组织的宗旨无非是：加强本事业的学术交流；增强华人之间的凝聚力；加强与祖国的沟通。笔者参加了若干次这样的活动。4月上旬在华盛顿参加了"华人生物医药科技协会成立大会"，在此旨在迎接生物医药科技及其产业高潮的到来，如何加强相互间的合作，如何寻找回国发展的机会。

经济水平和生活状况：多数学者（不包括在读的学生）的收入达美国社会的中等水平，人均年收入2万~3万美元。绝大多数人有自己的车子，多数家庭居住在公寓，生活空间宽敞。少数人购置了别墅，物质丰富。多数家庭有2个孩子。他们在赞美或享受美国的物质条件和美丽的环境的同时，也感受或承受着社会的压力。做博士后的要不断寻找工作，做研究的助理教授要独立申请经费，未进入faculty（高级职称）的要努力进入faculty，进入了faculty的想要成为tenue（终身职位）。不进则退，没有停的余地。没有工作就没有一切。竞争始终存在，而且很激烈。在华盛顿大学任教授的吴瑛博士，她完成了哈佛大学的博士后，经过600人争一个职位的激烈竞争，得到了现在的职位。

生活的苦楚还不是来自种族的差异。多数人生活在美国，总有寄居的感觉，难以进入美国人的主流社会。在约翰·霍普金斯（John Hupkin Univ.）大学医学院工作的余小瑛女士，到美国已十余年。她在湖南医学院获硕士学位后自费到了该校。约翰·霍普金斯大学的医学院属世界一流，经常与哈佛大学医学院齐驱。由于她的杰出工作，她很快就成了该校的faculty，并独立申请到了基金，可以称为该校的女强人。但是，不愉快的事情发生了。她所在系的系主任要调走，临行前举行了欢送宴会，所有在校faculty应邀参加，余女士携同其丈夫赶去参加了宴会，但宴会自始至终没有人理会她们，她感到极尴尬。作为faculty，她参加了学校的一些会议。一次，系主任告诉她说："许多人对你在这样一些场合出现感到很惊讶，我作为系主任正式通知你，希望你以后别再参加这样一些会议。"她顿时气愤至极，她想拿出所有的积蓄去打这场种族歧视的官司，但她没有打赢的信心。她现在很想回国。

由于在美中国学者的上述状况，多数人的心理是充满矛盾的。一方面，他们现实地选择留在美国争取过上更好的日子，另一方面，在他们的心里又代偿地增加了对祖国的理解和感情。出国的年龄越大，爱国的情结越重。随着祖国的日益强盛，他们的爱国热情就越浓，回国的打算就越切实。在普林斯顿大学工作的卢华博士，他购车时特地选择了手动挡的轿车。当问及他的理由时，他认真地回答说，这是为了便于适应国内开车。在美的科技人员，多数是博士后，有许多人做了十几年了。有些人做了研究员（research fellow），有些人做了技术员，有极少数杰出者进入了教授系列，从助教授开始。还有许多人拿到了 M. S（master of science）或 ph. D 后改行了，或改学 MBA 后经商，或改学计算机事业后经商。几乎所有的男士都想或都愿回国，几乎所有的女士都想或都愿留在美国。当问及女士们的理由时，她们说，在美国有较好的物质条件，周边关系简单，生活安宁，社会环境和自然环境和谐。男女士们回国的一个共同障碍或担心是出生在美国的下一代怎么办。他们的共同愿望是，祖国强盛，政策开明，发展经济，重视科技，重视知识分子。

总而言之，绝大多数从大陆出国的人，都有一颗爱国心，都有一份爱国情，不论他们在什么地方，都是一股促进中国发展的力量。

四、如何促进在美中国科技力量的成长并使之为国家建设服务

在美国的这支中国科技力量，他们的根在中国，即使他们花开异国，也会落叶归根，或将果实回报祖国。而对这 12 万人的队伍，我们应采取什么样的政策呢？笔者以为应采取这样的原则：

帮助一部分人进入美国主流社会，促成一部分人回国工作，放任大部分人自然发展。少数接触的学者已跻身美国主流社会，如果我们助他

们一臂之力，这样既可加速他们的进程，也可加深他们对祖国的感情。这样在美国的主流社会就可多一些理解和支持我们的声音，促进中美关系向着有利于中国的方向发展。对一部分学有所成，学有所长愿意回国的人，应给予鼓励，在与国内同行平等竞争的基础上，完善立体配套政策。对大部分留滞美国的学者，"无为"即有为，让其自然发展。

在与许多学者讨论的基础上，笔者作具体建议如下：

1. 与海外学人建立半官方的、实际而又轻松的联系。绝大多数海外学人与所在地的使馆接触不多，但他们从感情和寻求发展的机会出发，都很愿意与国内建立联系。鉴于他们所处的特殊环境，以半官方的联系为宜，即代表官方旨意的民间形式。因此，可否考虑由中国科技创新促进会与海外学人建立这种联系。这种联系可至少表现在这样三个方面：①欢迎海外学人参加创新会，入会者填写表格，据此建立档案或数据库；②由创新会与海外学人团体共同举办一些国内外都感兴趣的会议，如近期可着手筹备"生物医药学最新进展及其产业化"国际研讨会，海外学者可携带技术回国参加会议，国内的企业可在会上寻求技术和合作；③平时个人间的联系，朋友式的联系。建立数据库的工作可否请国家给予适当经费支持。

2. 举办"学科最新进展与如何创新"研讨班。海外学人普遍感到，国内实验室的设备一点也不比发达国家差，为什么国内的实验室很难做出国际上创新的工作呢？原因至少有两点（生物学领域），一是日常运行的试剂类物品供应不上，二是研究者思想和方法的问题。有人认为，国外的"杂志俱乐部"形势就很好。因此，建议由中科院拨专款，先在北京、上海两地每年举办若干次。试看效果以定行止。每次请在海外的已进入教授行列的若干人主讲，请国内的同行参加，为期一周左右。

3. 在报刊创立"海外学人论坛"，如在《人民日报海外版》《中国科学报》开辟专栏，请海外学者就科技发展、中国发展提想法。广开言路，他山之石，可以攻玉。同时，这也是增强祖国凝聚力的一条途径。

4. 简化外籍华人学者出入境手续。少数学者已入外籍，入外籍的原因很复杂，入外籍不等于不爱国。简化这些人出入境的手续，如一次签证 5 年或 10 年有效，便于他们和国内联系。这样，会让他们感觉到祖国的宽厚，感召他们为祖国建设服务。

5. 欢迎一些重要学科的杰出学者回国办实验室。他们可以大部分时间在国外，少部分时间在国内。这样可以使国内的实验室处于国际先进水平，或与国际水平的工作保持密切的联系。也可以支持一些在美的留学人员办公司，这样也有利于我们掌握美国的商业行情。

6. 注重长远利益，关心下一代成长。出国十几年的人多有上小学的孩子，这些孩子学中文成为家长们头痛的问题。现在美国的中文教材是中国台湾地区编写的，不仅有政治问题，而且汉语拼音的拼法使孩子的家长难以接受。现在《人民日报海外版》也刊登一些帮助少儿学习的内容，但不能代替教材。家长们普遍希望国家编一套适于海外少儿学习的教材，如果我们不写，就等于自动让给中国台湾地区了。

科教经费从哪里来——美国校园的启示

出访美国校园，你会为找不到校门和围墙而感到惊讶。但你更会感到惊讶的是校园建筑物之雄奇壮观及其占地面积之大。如果你步入芝加哥大学，你会觉得是置身富丽堂皇的古代城堡，如果你观望哈佛大学医学院，你会觉得是身临权威的殿堂。笔者走访了美国东西南北几十所大学，如果以校园的建筑物及其他占地面积作为比较形容，恐怕北大、清华比不上任何一所美国前十名的大学，一般的学校也难以相比。

建设这样的校园，钱从哪来？一流大学的经费通常有三个渠道：一是学生交的学费，二是各类科研基金中的管理费，三是私人或企业捐赠。在笔者访美期间，有两起捐赠引起人们的议论。一起是哈佛大学医学院收到了一笔500万美元的捐赠，捐赠者不愿留下姓名。另一起是一位中国人给普林斯顿大学捐赠了1亿美元，这个中国人就是香港的胡应湘（据说，他在大陆投资建高速公路）。

美国是怎样鼓励私人捐赠的呢？说来简单。一是将捐赠抵作税收，一是给捐赠者留下芳名。所以，在美国的校园里常可见以个人名字命名的建筑物。

据1990年的资料表明，美国的科技经费的2/3来自非政府的渠道，而中国非政府渠道的经费仅占与科技投入总量的1%左右。

中国的私有财产处在迅猛增长时期，国家制定相应的政策和法规已是时候。中国科学院应制定民间科技基金的征集和管理办法，并公之于众，起一个带头作用。

美国的博物馆文化与科技宣传

在笔者所到的每一个美国城市，几乎都有许多博物馆，在每一个博物馆，都有许多的参观者，参观者中最多的是中小学生。博物馆已成为美国社会的重要场所，是美国文化的重要组成部分。

博物馆气势宏伟的建筑和豪华先进的内部设备给人以深刻的印象，但更吸引人的是博物馆展示的内容。

位于芝加哥的摩托罗拉博物馆，展示了一个跨国企业集团的发展历史。鲍尔·高尔文（Paul V. Galvin）和约瑟·高尔文（Joseph E. Galvin）两兄弟，在1928年9月从经营一家倒闭的电池厂开始创业，到1990年，摩托罗拉的年销售额达100多亿美元，职工达10万之多。展览给人的印象：摩托罗拉的命运始终与科技特别是通信科技紧密联系在一起。

在纽约的国家自然博物馆，展示了人类社会进化与发展过程，这是进化论的最好课堂。还有一系列的电影，如龙卷风，人类探索太空等。

美国首都华盛顿，素以博物馆之多之好著称。其中，美国历史自然博物馆（Natural Museum of American History），给人的印象尤为深刻。在这个博物馆，展出了曼哈顿计划的来龙去脉，展出了爱因斯坦的信。爱因斯坦和第一颗原子弹就足以吸引人去了解了。博物馆中有一部电视短片，阐述科学技术在美国发展中的作用。观点鲜明，立论有力，表现手法生动深刻。在片中出现美国在"二战"中反击日本的镜头，激烈的海空战场画面，配以抑扬顿挫的解说，其有一段大意是：我们要用战争保卫我们的国家，保卫我们的自由。飞机从哪里来？军舰从哪里来？从科技中来！科学融入了爱国主义，真理激发出了热情。

博物馆发挥着巨大的科技宣传和科普作用，加强和提高了全社会的科技意识，全社会有了对科技的认识和理解，又回报科技以支持。从某种意义上说，科普与科技宣传的过程是科技在社会上的融资过程。

美国博物馆的经费多由企业赞助。也有许多博物馆是自筹 1/3，政府拨款 1/3，企业赞助 1/3，如华盛顿的博物馆体系多是如此。许多博物馆不收门票（如华盛顿的博物馆），或门票价不高。

在我国，国家领导人已高瞻远瞩地提出了加强科技宣传和科普的一系列决定，但落实在社会上的尚不多见。借鉴于美国，我们还有许多工作可做，为此建议：

一、加强全国的博物馆工作。在现有博物馆的基础上，应加强博物馆的统一协调工作，如由科协担当起协调职能。应提高企业参与的积极性，制定相应的政策。应组织中小学生参观博物馆，把博物馆作为科技宣传、科技教育、科学普及的重要场所，从这里培养和提高全民族的科学意识。

二、制作我国科技史上重大事件的宣传材料，如"两弹一星"。宣传材料要生动、简短，紧扣人们心理上感兴趣的问题，深入浅出，科学的原理、意义要讲透，激发人们的兴趣与热情。

美国科技动态

一、科技政策

一是科技投入的概念变化：R&D（研究与发展）拟改成 S&T（科学和技术）。1995 年底，美国科学院应美国国会的要求，组织撰写了《分配联邦科学和技术经费》的报告。报告认为，通常所用的概念 R&D 容易引起误解，因为这里边有一半左右的经费是用于支持开发新型飞机和武器系统的，而真正的 R&D 是指创造新知识和新技术的活动。因此，政府应采用新的预算方法，用 S&T 作为科技投入的概念。这样，可提高政府对科技的投入。

二是提高地方政府的作用。在联邦政府 R&D 预算规模渐趋缩小的形势下，州政府对科技发展的作用就突显出来了。在总统科技顾问吉本斯的积极倡议和推动下，成立了包括现任州长、州议员、学界和产业界名人组成的"州——联邦技术伙伴关系工作组"。此组提出了许多建议，包括：①凡与州有关的联邦科技计划、科技政策，在制定与实施的初期就应让各州参与进来。②州政府与联邦政府努力成为伙伴关系。③各州州长应制定本州的科技战略。④推动私营部门的技术投资。⑤联邦政府、州政府与工业界共同推进全国性的先进制造技术计划。

三是投资方向：联邦科技投资主要偏向学术机构，即专门从事研究的单位。经费应定位到人和项目。经费的合作强调集中统一，要求有一个更加和谐一致的联邦科技预算程序，更强调竞争机制和分配方法。重视生物技术：美国认为，生物技术已经入了"第二次浪潮"，在这次浪潮中，医药在继续得到重点发展的同时，还应包括其他四领域：①农业生物技术；②环境生物技术；③能源生物技术；④海洋生物技术。生物技术第二次浪潮将会为美国 21 世纪的发展带来巨大的效益，因此，联邦政府从现在起就要注重加强投入。投入加强在两方面：物质基础设施和人才基础设施。

二、研究与产业信息点滴

一是美国国防部正下达任务研究一种个人识别器。此识别器的基本构思是：研制一种装置，它可以识别并记忆人眼巩膜的表面结构，因人的巩膜的表面结构比皮纹的个人特异性还强。同时，这种识别过程比较神秘。据悉，这种装置将被用于保密要求很严的地方。

二是美国市场上正在走俏一种保健药品 Mellatonin。美国的许多中英文刊物对此药做了介绍。其药效有：①形成晚间睡眠时间，可用于倒时差和催眠；②防癌症；③抗氧化，防衰老；此药是 5 - 羟色胺的一种代谢产物，因其结构已被发表多年，不受专利保护。笔者估计，此药很快会进入中国市场。

两点建议

一、增强对海外华人的公关工作

随着我国国力的强盛和政策的开明，海外华人的向心力也越来越强。有人说，21 世纪是中国人的世纪。此话即便有些夸张但也说明了一个问题，即华人的实力在不断提高。增强和这些人的联络，争取他们对国内科技的捐赠和投资是完全可能的，也是互利的。这种联络工作属"公关"范畴为宜。

二、增进美国舆论界与我国社会的沟通

在美国社会对中国的态度方面存在一个不等式，就其友好程度可表达为：美国政府＞美国国会＞美国媒体。在美国这样的社会里，新闻媒

体对整个社会发挥着极为重要的影响。我们应有针对性地组织一些媒体采访我国科技界或其他一些领域，提高和改善我国的国际形象。

（1996 年出访美国期间有感而写，写于 1996 年 4 月 29 日）

交通运输业的良医

——美国库柏（Coopers & Lybrand）咨询公司一瞥

人都需要医生。企业作为经济的有机体，它的医生是谁呢？它的医生就是咨询公司。关于这个话题，笔者走访总部设在芝加哥的美国库柏（Coopers & Lybrand）咨询公司（下同），与在该公司任职的刘葆军女士进行了访谈，收获甚丰。

跻身美国六大咨询公司的库柏咨询公司，从 1974 年起，在交通运输业方面开展了大量的咨询业务，成效卓著。迄今，它已为美国航空公司、新西兰航空公司、澳大利亚航空公司、英国航空公司、全美航空公司、南非航空公司等 50 余家航空公司提供了咨询服务。

咨询的效益如何呢？以 QANTAS 航空公司为例。这家航空公司出现了连年亏损后，库柏公司对它进行了咨询，从五个方面进行了调研。这五个方面是：经营过程；开发；自产；信息系统；附属机构。调研了解或解决了合作、促销、售票、航运、飞行员、客舱服务人员、乘客服务体系、行李、机械维修、安全与保卫等环节的问题，使该公司转亏为盈，每年积余资金达 2 亿多美元，并持续发展。

在铁路运输方面，库柏咨询公司为芝加哥西北铁路公司、太平洋联合铁路公司、英国铁路公司、印度尼西亚铁路公司、澳大利亚政府南方铁路公司、赞比亚铁路公司、东非铁路公司等 30 余家铁路公司提供了咨询服务。以伯林顿北方铁路公司（Barelington Northern）为例。库柏咨询公司在 1984 年开始对该公司提供咨询服务，重点放在项目管理、改善生产、系统实现等问题上，对运行机制，职工体系进行了调研，减少了手工操作，减少了员工，实行员工培训，改善了工序和人力操作过程，更换了设施，实行新的招工办法，实现了年积余资金3千万美元。

当然咨询不一定都是给企业带来资金。这就像人看医生一样。有时是为了体检，有时是为了预防，有时是为了治疗。因人而异，因异制宜。

库柏咨询公司始建于1898年，原以会计事务擅长，现以交通运输业的资讯著称。它在全美国的98个主要城市设有业务机构，包括合资公司的员工达67000人，遍及全世界。

咨询业在美国属朝阳产业，它的发展也必将促进其他产业的发展。他山之石，可以攻玉。我国的咨询业起步伊始，美国咨询业的发展对我们不无启示。

（1996年出访美国期间有感而写，写于1996年4月29日）

第
二
辑

访 谈

建立绿色发展母基金　推进科技产业大合作

11 月 29 日，由中国科学院控股有限公司（简称"国科控股"）主办的第八届国际资本峰会暨中国科学院"联动创新"系列论坛在京举行。论坛旨在贯彻落实推进"一带一路"倡议，扩大"一带一路"相关国家企业间的合作交流，实现互利互惠。

与会嘉宾围绕科技"一带一路"的商机、"新时代、新机遇、新机遇、新协作"、亚欧企业携手绿色发展等热点话题展开了讨论。

主旨演讲中，国科控股董事长吴乐斌指出，当前"一带一路"布局重点是在基础设施建设、贸易、产业和金融合作等方面，科技合作尚有很大发展空间。国科控股将从战略咨询、科技合作和科技成果转移转化等方面进一步加强合作，重点布局和推介新能源技术、普惠医疗、先进计算技术、小卫星及导航应用、智能制造及机器人技术、新型特种精细化学品技术及先进光电晶体材料高端装备技术等多个领域。

"科学没有国界，技术可以跨境，我们正在筹建绿色发展国际实验室，实现欧美国家前沿技术与中国成长中的市场需求相对接，实现互利共赢。"吴乐斌说，国科控股正在酝酿推动建立一只绿色发展母基金，助推全球范围内的绿色经济和金融服务领域发展。

绿色发展母基金旨在为支持环境改善、应对气候变化和资源节约高效利用提供资金支持，并为环保、节能、清洁能源、绿色交通、绿色建筑等领域的项目投融资、项目运营、风险管理等提供金融服务。他指出，绿色发展母基金应该涵盖清洁能源、技术发明、健康产业和创意产业等四个方面。

能源合作是"一带一路"倡议中的一项重要内容。今年 7 月，在国科控股的倡导下，旗下企业东方科仪控股牵头成立了中国科学院"一带一路"产业联盟，面向"一带一路"沿线国家重大科技发展及民生需求，将中科院的成熟技术、产品和服务，输送到"一带一路"沿线国家，为"一带一路"沿线国家的经济发展服务，实现科技资源共享、经济利益共赢。

吴乐斌介绍，以绿色甲醇为代表的"液态阳光"是最具潜力的新型能量载体之一和重要化工原料，可以替代煤炭、石油和天然气等化石能源，建立新型高效、经济环保的能源系统，带动相关技术、产业国际贸易发展，催生和引发新的经济形态，形成"液态阳光经济"。

会上，国科控股和中美绿色基金签订了战略合作协议，旨在投资中国和欧美的绿色科技和清洁能源等领域。中美绿色基金将结合国科控股资源优势，利用绿色基金的市场资源和投资经验，双方在清洁能源、环境科学及绿色智慧城乡等创新科技领域进行合作投资。

另外，在谈到建设美丽中国，推进绿色发展时，吴乐斌称，"绿色发展是世界发展的大势所趋，是目前世界发展的潮流所向，响应和推动绿色发展是国科控股的责任担当和历史使命所在"。在国科控股的倡议下，分别由"国科系"企业中科集团、中科曙光牵头成立了中科院绿色城市产业联盟、中国科学院智慧城市产业联盟。在中科院强大的技术支撑下，联盟将作为创新链和产业链结合的纽带，为城市建设中的"跨界"合作提供产品技术、人力资源、实践经验等条件。实现创新链、产业链和资本链三链有效联动，促进科技成果转移转化。

其中，绿色城市联盟，现已有中国科学院生物物理研究所、中国科学院生态环境研究中心、中国科学院昆明植物研究所等 11 家科研院所和中科集团、中科环保等 15 家院属企业加盟。旨在搭建联盟成员企业与地方政府对接的桥梁、增强联盟成员企业的市场拓展能力，以及挖掘联盟内部成员企业间的合作机会。去年，绿色城市联盟累计拓展新项目近20项，目前已在抚州、普洱、赣州等多个城市落地。

智慧城市产业联盟，由中科曙光担任理事长单位，目前共有41家院所、52家院属企业加盟，全面覆盖智慧城市建设领域的投资规划、数字感知、智能运营、精细治理、创新发展、民生服务等全产业链，为地方政府智慧城市建设提供全方位支持。预计5年内，联盟将在全国范围内实现智慧城市"百城百行"的业务布局，同时促进联盟内各成员单位业务在智慧城市中快速扩张，推动联盟总体销售额在2020年达到1000亿元。

（原载于2017年11月30日《新华网》 记者：高方圆）

用绿色能源照亮"一带一路"

作为中国科学技术的"国家队",中科院一直在积极以科技支撑"一带一路"建设。

近日,中科院控股有限公司董事长吴乐斌在第八届国际资本峰会上透露,国科控股作为中科院所属企业,将重点在绿色能源等领域加快布局,助力"一带一路"建设。

"一带一路"建设是我国扩大对外开放的重大举措,国际能源合作是其中一项重要内容。但目前,"一带一路"能源合作以传统能源为主。

吴乐斌认为,以甲醇为代表的"液态阳光"是最具潜力的新型能量载体之一和重要化工原料,可以替代煤炭、石油和天然气等化石能源,建立新型高效、经济环保的能源系统,带动相关技术、产业和国际贸易发展,催生和引发新的经济形态,形成"液态阳光经济"。

中科院作为"液态阳光"理念的践行者和引领者,在发展甲醇经济的技术创新、产业布局和资本助推等方面正在积极地探索与布局。

在甲醇产业链的上游,国科控股通过旗下企业上海碧科及其子公司美国西北创新工场,将在美国西海岸建设全球最大规模、最低成本、最清洁的天然气制甲醇工厂。在甲醇产业链的下游,国科控股将利用中科院自主甲醇制烯烃、制芳烃等技术,将甲醇生产转化为烯烃、芳烃等产品。

目前,国科控股旗下企业联泓新材料运用甲醇制烯烃技术生产出的高端材料和精细化学品,广泛应用于建筑、日化、纺织、金属加工、光伏、涂料等行业，并已达到国际高端进口产品水平。

在国际能源合作方面，国科控股将与中美绿色基金等国际知名投资机构及产业资本合作，共同发起成立产业发展基金，通过创新技术成果与产业资本的对接，推动甲醇经济相关重大技术开发、产业化项目建设、基地建设等的实施。

"科学没有国界，技术可以跨境，我们正在筹建绿色发展国际实验室，实现欧美国家前沿技术与中国成长中的市场需求的对接，实现互利共赢。"吴乐斌说。同时，国科控股正在酝酿推动建立一只绿色发展母基金，助推全球范围内的绿色经济和金融服务领域发展，以实际行动落实党的十九大决策部署。

2017 年 7 月，在国科控股的倡导下，其旗下企业东方科仪控股牵头成立了中国科学院"一带一路"产业联盟，面向"一带一路"沿线国家重大科技发展及民生需求，将中科院的成熟技术、产品和服务，输送到"一带一路"沿线国家，为"一带一路"沿线国家的经济发展服务，实现科技资源共享、经济利益共赢。

此外，国科控股将在战略咨询、科技合作和科技成果转移转化等方面进一步加强合作，重点布局和推介新能源技术、普惠医疗、先进计算技术、小卫星及导航应用、智能制造及机器人技术、新型特种精细化学品技术、先进光电晶体材料高端装备技术等多个领域。

（发表于 2018 年 1 月 3 日《中国科学报》　作者：丁佳）

独家对话国科控股董事长吴乐斌

2018 年 1 月 9 日，盘踞山东南部、素有"墨子故里、鲁班之乡"之称的滕州，突然涌入数十名媒体人士，他们共同等待着一个时刻的到来——中科院化工新材料技术创新与产业化联盟成立。

其间，中科院、国科控股、联想控股、创新联盟等系列词汇连同主办方提供的会议手册上那一众专家、企业家名字一同进入媒体视野。其中，这些专家学者及企业家被媒体格外"关照"，比如吴乐斌。

公开资料显示：出生于 1962 年的吴乐斌 1988 年加入中科院，至 1998 年 3 月，先后担任该院科技政策局、计划局、办公厅副处长、处长等职。1998 年 4 月至 2005 年 6 月任中国科学院生物物理研究所副所长。2003 年 9 月至 2014 年 7 月，其创办并出任中生北控生物科技股份有限公司董事长兼总裁。

据悉，中生北控目前为全国最大的体外诊断试剂（IVD 试剂）的生产商。在吴乐斌的带领下，该公司于 2006 年在香港证券交易所创业板成功上市。

2014 年 6 月，吴乐斌转任中科院企业党委书记、中国科学院控股有限公司（原：中国科学院国有资产经营有限责任公司，简称：国科控股）董事长，担任法定代表人。

凤凰网山东检索发现，成立于 2002 年 4 月的国科控股，注册资本为506703 万元，拥有近 50 家持股企业。

作为中科院的"独生子"、背靠中科院优秀科研成果、坐拥雄厚金融资本、优势政商资源的国科控股处在一个特殊而关键的位置，尤其是科技创新正引领新一轮产业革命以及中国实施创新驱动发展战略的当前。

作为这一关键位置的掌门人，吴乐斌半开玩笑说，自己是一个修筑"运河"的人。

上述比喻的背后，蕴含的是横跨学商两界的他想要打造一条从知识海洋到资本海洋、适合中国"创新创业生态系统"的"运河"体系的宏伟蓝图。

"我希望依托我们中科院的研究力量，通过创新链、产业链、资本链之间的联动，通过科技、产业、金融之间的联动，通过政府、研究院所、企业、金融机构、用户之间的联动，加速加强科技与经济的深度融合，实现战略性新兴产业的跨越式发展，促进我国经济转型和产业结构升级，同时推动打造一批在中国乃至于世界上领先的产业和公司。"对于上述蓝图，吴乐斌这样阐述。

这就是被外界广为称道的国科控股"联动创新"纲要。

很显然，此次由国科控股、联想控股联合出资的"嫡系部队"——联泓新材料作为理事长单位牵头成立的中科院化工新材料技术创新与产业化联盟就是上述纲要的一大产物，创新、产业、资本三链联动为其显著特征。

凤凰网山东梳理发现，截至目前，中科院已经组建 11 家技术创新与产业化联盟，由国科控股负责监督管理。

而伴随着这些联盟的成立、发展、壮大，知识与资本、产业联动将呈现"规模"效应。

数据显示：国科控股"联动创新"纲要实施 3 年多的时间里，国科控股快速可持续发展的态势已经出现。营业收入、净利润增幅每年保持两位数的增长，2017 年末预计总资产高达 5000 亿元，销售收入能突破

4000 亿元关口。

数据雕琢过去的时光。但在吴乐斌看来，伴随着岁月交替节点到来，一切又站在了新的起点上。起点已出，无畏前行已是必然。

"未来，我们将继续牢牢抓住创新和国际化，把握数字技术与清洁技术两大技术集群，持续修筑从知识海洋到资本海洋的'运河'……" 2018 年 1 月 10 日，接受凤凰网山东独家专访的他这样表示。

以下为对话摘录：

凤凰网山东：作为国科控股的掌门人，见证了中科院化工新材料技术创新与产业化联盟成立的你如何看待联盟后续运营中涉及的利益分配问题？

吴乐斌：联盟运营涉及企业、研究院所以及科研人员之间的一种合作。该合作非常重要的一点是构建一个利益共同体。这个共同体如何分配利益？应该讲，投资者是以投资作为要素来分配，科研人员应当以创新的能力、贡献来分配利益。一般情况下，作为研发的一方，有以下收益：一、企业作为长期的合作方会有相当于会员的费用，作为长期支持的费用；二、前期科研经费和技术支持，在技术转让成功变成产品或商品后，在收益中有所提成。这种收益的方式，可以是现金分配，但更多的是希望用股权的形式来建立一种长期的利益共享机制。所以，我们在中科院化工新材料技术创新与产业化联盟上也会遵循这一原则，细化相关的利益分配方案，当然针对具体的情况具体分析形成具体方案。

凤凰网山东：按照你的设想，这个联盟最为理想的状态是什么？

吴乐斌：理想状态是一个可持续的良性的循环。也就是说，一方面联盟组建时，大家有个共同的目标。然后，各取所需，各取所长。目前，中科院将近 20 个院所在化工新材料领域都有几十年的积累，这些积累必须要寻求一个下游出口，就是我们现在牵头的企业，就是联泓新材料公司。第一步，这些研究院所和科研人员带着技术，然后这些技术针对企业的需求，由企业来组织实现技术转移转化。这个过程中，我们的研究院所和科研人员获得相应的支持，比如说，会有经费的投入，以保证研发的持续开展，企业得到新的技术、好的产品。这些产品会有新的销售，新的销售会有新的收入，有新的收入以后企业会有更多的利润与收益，便能拿出一个比例返还支持我们科研人员，然后，我们的科研人员在经费的保证下能更多投入到研发之中，这就是一种良性的循环、持续的发展。

凤凰网山东：我们可不可以理解，这是一个良性的生态圈？

吴乐斌：对。我们国科控股就是要打造产业链，构建生态圈，壮大、发展，再发展、再壮大中国的化工新材料产业，此次成立的这个联盟就是这中间的一个重要的平台和环节。

（原载于 2018 年 1 月 20 日《凤凰网》　作者：冯冬宁）

吴乐斌谈"一条河与五条鱼"：
打破"阿克琉斯之踵"的可行解

"死亡之谷"一词，经常被用来形容科技成果转化从无到有的"三不管"地带。大量优秀的科研成果湮没于此，成了"休眠状态"的社会财富。

习近平总书记在党的十八届五中全会第二次全体会议上的讲话指出，我国创新能力不强，科技发展水平总体不高，科技对经济社会发展的支撑能力不足，科技对经济增长的贡献率远低于发达国家水平，这是我国这个经济大个头儿的"阿喀琉斯之踵"。

作为中国科学院的"嫡子"，中国科学院控股有限公司（以下简称国科控股）长期以来致力于探索破解"阿喀琉斯之踵"难题。针对国有科技型企业的特点，国科控股对创新链、产业链、资本链之间"三链联动"进行了积极的探索和实践，加速了科技与经济的深度融合，推动打造了一批在中国乃至于世界上领先的产业和公司。

到底如何才能打好破解式的"组合拳"，来拆除科技成果转化的"藩篱"？面对经济日报－中国经济网记者的独家采访，国科控股的"掌门人"吴乐斌透露了他独有的一套完整理论体系。

"一条河与五条鱼"

拥有着最多的人力与世界第二的财力，中国被冠以"科技大国"的评价当之无愧。然而，和国家巨大的科研投入相比，科技成果转化率却相对较低，约90%的科技成果无法成功转化为产品。"科研开花不结果""研发应用两张皮"的状况屡见不鲜。

到底是什么阻碍了科技成果转化前进的步伐？吴乐斌认为，这与所处周边的生态系统息息相关。

"一颗种子在发芽的早期，对周边环境中的温度、土壤很敏感。一个科研成果从实验室走出来，就好比从零到一的过程，非常脆弱。周边的生态体系复杂多元，如果在成果转化的各个环节中的节点没有匹配，该来的没来，不该来的反倒来了，那就会造成转化的困难。"吴乐斌打了个比方，"就好像沙漠中不能长出蘑菇一样，这是因为生态体系出现了问题。"

如果将整个科技成果转化的生态环境比喻为"运河"，在吴乐斌的设想中，科技型企业的成长阶段便可以称为"运河"里的"五条鱼"。

"第一条'鱼'，是从创意到产品；第二条'鱼'，是从产品到有销售；第三条'鱼'，是从有销售到有利润；第四条'鱼'，是从有利润到上市；第五条'鱼'，是从上市变成行业龙头。如果'河水'不好，越小的'鱼'就越容易死。"吴乐斌说，"这就是我的'一条河'和'五条鱼'的理论。"

其中，实现从零到一飞跃的"第一条鱼"是最为薄弱的环节，用吴乐斌的话来讲，就是"特别容易死"。一项科技成果在实验室取得核心技术突破后，要跨越"产品关"，往往要先攻克评价机制不合理、政策资金支持薄弱、考评体系偏颇、政产学研用等结合脱节、利益分配不合理等重重"难关"，因此，在遭遇诸多"梗阻"后，在这一阶段折戟沉沙的科研人员不计其数。

随着我国科技体制改革向纵深推进，为了消除科技创新中的"孤岛现象"，打通科技成果转化的"最后一公里"，近几年间，一系列促进科技成果转化的政策法规出台，进一步打通了科技和经济结合的渠道，优化了科技成果转化与创新创业的生态环境，正在逐渐形成宽容失败、鼓励创新的社会氛围。

从硅谷到以色列

"运河"清了，"生态系统"平衡了，"鱼儿们"赖以生存的环境日益好转。但吴乐斌认为，这才刚刚走出了第一步。

众所周知，科技企业成长周期长、风险高，融资难、融资贵成了制约发展的瓶颈问题。从 2008 年起，国科控股投资、发起组建私募股权投资基金，投资布局了包括早期孵化、VC、PE、夹层、特殊资产等境内外基金，构建起股权基金全链条生态体系，为企业不同发展阶段提供相应的资金需求。

资料显示，截至目前，国科控股投资基金 43 只，认缴出资总额近 70 亿元，已投基金已完成投资项目近 900 个，基金总规模超 1700 亿元。

"政策好了，基金建立起来了，估计以后死的'鱼'会少一点，但这还远远不够。"在吴乐斌看来，虽然万事俱备，但"运河"中似乎还欠缺一些创新活力的元素。

随着科技金融体系对于支撑科技创新创业的作用日益显现，科技银行和科技保险也逐渐走入了人们的视野，两者的必要性体现在科技人员对于自身股份和安全性需求的考量上。"如果一个创新的生态体系缺了这两个元素，那么'第一条鱼'还是会死的。"吴乐斌说，"像硅谷有全世界最好的科技银行，以色列有全世界最好的科技保险，这是两地创新活力旺盛的重要原因。"

2015 年，国科控股宣布计划推动科技银行和科技保险的发展，表示将参照硅谷和以色列的模式，同已有的基金业务体系形成"投""贷""保"有效联动，打造全能式的科技金融服务网络，致力于为科技企业提供全生命周期的全方位金融服务。

知易行难。吴乐斌直言："到目前为止，我们喊了四年，还在起跑线上，比较艰难。"究其原因，他表示，当前最困扰他的有两种声音："一种不重视不支持，另外一种则是'穿着新鞋走老路'，戴着'假冒伪劣'的帽子支持。在这个问题上，各方还是需要凝聚共识。"

开凿"运河"体系

"一条河和五条鱼"的理论源于吴乐斌长期以来对于"阿喀琉斯之踵"难题中痛点的观察和沉淀。不难看出，这一理论既包含了他对于适合我国创新创业生态系统的思考和感悟，同时，也"脱胎"于他在早年间构筑的"运河体系"理论。

"从 IP（知识产权）到 IPO（上市/资本）之间有着千山万水的阻隔，所以我们要建立起一个'运河体系'，将'智慧海洋'和'资本海洋'连通起来，就像巴拿马运河把大西洋和太平洋联系起来一样。"吴乐斌曾这样对媒体阐述。

担任国科控股"掌门"之位后，善于从实践中归纳提炼的吴乐斌为国科构建了一幅宏伟的蓝图，而这一精妙的"运河理论"正是外界广为称道的国科"联动创新"纲要的核心思想。

2014 年，围绕中科院"率先行动"计划，国科控股制定了"联动创新"纲要，依托中科院强大的科技资源及丰富的技术成果，围绕一系列战略性新兴产业，通过创新链、产业链、资本链之间的联动，通过科技、产业、金融之间的联动，通过政府、研究院所、企业、金融机构、用户之间的联动，通过实施九大举措，不断加速科技与经济的深度融合。

用吴乐斌自己的话来讲，这一纲要可简称为"1234"，也就是"一体两翼、双轮驱动、三链联动、四 P 接力"的产业发展格局。"我们以战略性新兴产业为一个主业，实施财务投资与战略性直接投资共举的'双轮驱动'，通过创新链、产业链、资本链之间的'三链'联动，构建 IP

（知识产权）、LP（有限合伙人）、GP（普通合伙人）、SP（战略合作伙伴）的 4P 接力的生态圈。"

资料显示，在"联动创新"纲要"问世"的三年中，国科控股迎来了规模化发展的蓬勃时期。截至目前，旗下直接持股企业超 50 余家、监管企业 900 余家，其中境内外上市/挂牌企业 40 余家，企业总资产超5100 亿元。

"创新已经有了，目前'运河体系'要侧重的工作在'联动'上，打造和提供一个各方联动的平台。"如吴乐斌所言，近日由国科控股发起成立的政产学研用科创中心正是促进各方"联动"的产物之一。据介绍，中心将协同集聚政产学研用各方面资源，探索技术创新与产业化全过程管理运作机制，促进创新链与产业链的有效嫁接。

"中心将为政产学研用各方提供一个平台和网络，针对具体的项目、技术和产品，形成上下游的协同合作。"吴乐斌补充说，"这里面可能存在两个问题需要解决。第一，各方要协调利益关系，建立利益共同体；第二，上下游衔接中要注意语言保持一致，在技术性和实用性之间找到平衡。"

探索"液态阳光经济"

背靠中科院，国科控股具备得天独厚的资源，拥有强大的科研优势。自 2014 年起，国科控股先后在量子通信、重离子治癌、液态阳光产业、健康养老、02 专项等领域开展投资，实现了一批重大科技成果的转化。

"三子两米新气体""一大一小又三城"这句话一直被吴乐斌挂在嘴上。这并非顺口溜，而是国科控股一批战略投资重点项目的简称。其中，三子是指量子、光子和离子；两米是指纳米印刷和低蛋白大米；新气体是指甲醇气体；一大是指大健康；一小是指小卫星；又三城是指智慧城市、绿色城市和健康城市。

在这些重点项目中，吴乐斌很看好"甲醇经济"。他认为，以甲醇为代表的"液态阳光"是最具潜力的新型能量载体之一和重要化工原料，可以替代煤炭、石油和天然气等化石能源，建立新型高效、经济环保的能源系统，带动相关技术、产业和国际贸易发展，催生和引发新的经济形态，形成"液态阳光经济"。

　　近年来，国科控股作为"液态阳光"理念的践行者和引领者，在发展甲醇经济的技术创新、产业布局和资本助推等方面进行了有益的探索，对产业链的上下游积极布局。

　　其中，国科控股以 8.5 亿元入股的联泓新材料成绩斐然。这家以甲醇制烯烃技术生产高端材料和精细化学品的企业，其技术已达到国际高端进口产品水平，担任了"中国科学院化工新材料技术创新与产业化联盟"理事长单位，与地方政府筹备产业引导基金，同时打造了若干科研转化基地。毫不吝惜赞美的吴乐斌曾在很多场合称其"优秀"。

　　"联泓'联盟＋平台＋基金'三位一体的模式是典型'国科系'企业的示范，是我们旗下企业普遍采用的一个模式。"吴乐斌说，"我们未来对联泓将尽可能倾斜资源，以推动'液态阳光经济'的发展。"

　　　　　　　（原载于 2018 年 12 月 5 日《经济日报》　作者：刘潇潇）

在知识和资本之间挖一条"运河"

中国科学院控股有限公司（下称"国科控股"）董事长吴乐斌近日公开表示，要改变科技创新对经济贡献低的状态，实现经济从高速度向高质量转型，就要打通知识和资本之间的层层阻碍。

"有人说中国经济体量大，但大而不强，重要原因就是科技对创新的贡献低，科技转化率不高。科技企业怎么从无到有、从小到大、从弱到强？答案就在于科技成果的转移转化和产业化。"吴乐斌在 12 月 6 日的第一财经新三板峰会上发表主题演讲时称。

他比喻道，从智本（IP）的海洋到资本（IPO）的海洋，需要挖通一条运河。只有搭建好基础设施，才能实现创意到产品、产品到销售、销售到利润、利润到上市、上市到行业领袖五个阶段的跨越。

他介绍，国科控股投资的企业以"三子"量子通信、光子产业、离子医疗为代表，其中离子癌症治疗技术跻身世界前四，但这些科技成果还处在孵化阶段。

"知识海洋和资本海洋之间有千山万水的阻隔，这条运河怎么挖？就需要搭建必不可少的最基础的设施。"吴乐斌表示。

他介绍，首先是投资的平台。国科控股现在正在组建三只母基金，第一只是成果转化母基金，目前已经开始运行。第二只是联动创新母基金，组建完毕后将很快投入运营。第三只是绿色发展母基金，主要是把发达国家的先进技术的外溢对接中国成长市场和企业。

"其次是融资平台，硅谷有硅谷银行，以色列有科技保险。中国要具备同样的创新水平，也非常需要科技银行和科技保险。"吴乐斌表示。

他指出，打通科技成果转化的链条还需要各个社会力量的联合，比如国科控股推出的军民融合联盟，人才培养联盟，运营知识产权的双创联盟，及时掌握国外新产品、新技术、新商机的国际智库等，最终实现政、产、学、研，科技和经济无缝衔接。

吴乐斌还认为，科技企业能否及时进入资本市场对科技创新产业化也至关重要。

"我们投资的800多家企业中现在没有利润的占39%左右。科技创新转变为经济增长，是要完成从科学家到销售员的全链条。"吴乐斌表示，"资本市场规范度和成熟度，与科技企业的成长密切联系在一起。我们正在组织企业关注新三板和科创板。"

（原载于2018年12月9日《第一财经》　作者：周宏达）

打造"国科运河"体系
四年多资产增长了 2400 多亿元

总资产从 3600 亿元增长至目前的 6000 多亿元，已投基金总规模超 1700 亿元，这是吴乐斌自 2014 年 7 月接掌国科控股后交出的"答卷"。

中国科学院控股有限公司，简称国科控股，是经国务院批准设立的首家部委级事业单位经营性国有资产管理公司，是中科院唯一直属的独资企业，很多人将其称为中科院的"独生子"，它代表中科院负责对有关经营性国有资产依法行使出资人权利，并承担着相应的保值增值责任，2002 年的注册资本为 51 亿元。

中国科学院企业党委书记、国科控股董事长吴乐斌表示，没有改革开放就没有国科控股，改革开放就是改规则，最大的变化是人；深化改革、扩大开放是唯一选择。

"国科运河"九大平台

经济观察网：作为中科院唯一直属的国有独资企业，2014 年底国科控股的总资产约 3600 亿元，拥有持股企业 30 家，监管企业 700 多家，其中上市公司 22 家。您接手国科控股以来，家底有哪些变化？

吴乐斌：国科控股 2002 年 4 月成立，代表中国科学院统一负责对院直接投资的全资、控股、参股企业经营性国有资产行使出资人权利，并承担相应的保值增值责任，目前正致力于成为具有国际竞争力的高科技产业控股（集团）公司。

国科控股主体业务分为持股企业运营管理、私募股权基金投资和战略性直接投资、院属事业单位经营性国有资产监管四大板块，现有直接持股企业超50余家、监管企业800余家，其中境内外上市企业27家；企业总资产超6000亿元，已投基金总规模超1700亿元。

从2014年以来，国科控股努力打造九大平台，目标是成为具有国际竞争力的高科技产业控股（集团）公司。

经济观察网：能否具体介绍一下九大平台的情况？

吴乐斌：这九大平台分别是：打造协同联动的投资平台，引领资本向战略新兴产业聚集；推动业务板块集合上市，构建国际化融资平台；推动发展科技保险，为创业投资保驾护航；正在筹建科技银行，解决科技型小微企业融资难问题；由行业领军企业牵头，组建"技术创新和产业化联盟"，引导技术围绕产业进行创新，解决产业发展的难点和痛点问题；建设新型科技孵化器和投资人超市，推动资本资源和创新资源的直接对接；设立"联动创新"贡献奖和人才基金，对经营业绩突出的经营团队进行特别的表彰和奖励，激励领军人才；搭建科技产业智库平台；组建国际产业信息平台；打造培训、成果转化、创业孵化、知识产权运营平台，提升"软实力"，推动科研机构、科技企业、金融机构、地方政府等主体联动。

这九大平台搭建的是一个生态体系，这个生态体系可以促进科技成果转移转化、产业化，是国家创新体系的一部分，我们把它叫作"国科运河"，是连接知识海洋和资本海洋间的"运河"，是连接智本与资本之间的"运河"。目前七大平台基本成型，还有两大平台在准备阶段。

经济观察网：还在准备阶段的是哪两大平台？

吴乐斌：一个是科技保险，一个是科技银行。

科技保险，由国科控股牵头，目前已经签署发起人协议的股东有10多家，正在按程序等待审批。保险作为现代金融和服务业的重要力量，具有分散、化解风险的重要作用，而科技投资保险全方位、全过程、全要素为科技创新提供保险，是推进创业投资、提升自主创新能力的有力保障，建立健全科技投资保险制度势在必行。

科技银行的组建正在积极沟通争取达成共识。

经济观察网：对科技银行的一种理解是，专为科技行业服务的银行。您是怎么看待科技银行的？

吴乐斌：科技银行不是一个行业银行，科技银行不只是针对一个行业，更多的是针对科技创新这样共性关键的问题提供一种包括投贷联动在内的金融服务。

我们跟硅谷银行做了比较多的交流，讨论过这样一个创业过程：一个初创企业缺少资金，从基金公司融资后，融资就成了基金公司的股权，如果再融资，公司创始人的股份就会变小，有可能失去控制权，又变成打工的了。这个时候就需要股权以外的债权融资，就会去找银行。一般商业银行做的只能是提供贷款，但贷款又需要抵押或质押或担保，而中小型科技企业很难提供。由于我们的商业银行不能混业经营，投和贷不允许在一个法人之下，要变成两个法人，投贷联动如果不是在一个法人治理结构下，两者之间的利益就会出现偏离。

因此，科技银行应该有三个特点：一是针对技术创新的创业企业；二是投贷联动，与创投紧密联系在一起；三是伴随着投贷联动，提供综合的服务，这跟传统银行的模式是不一样的。

作为 43 只基金的 LP，再组建三只母基金

经济观察网：确实很意外，国科控股为何如此看重金融平台的打造？

吴乐斌：在九大平台中，第一个平台就是投资平台，包括战略直投和基金投资。战略直投已经有了 51 家直接控参股的企业，而且还在增加。

基金投资方面，国科控股目前是 43 只基金的 LP（私募基金有限合伙人）。这 43 只基金加在一起有 1700 亿元左右。

国科控股的基金投资从 2008 年就已经开始了。现在把它从国科控股的一个业务部门独立出来成立了母基金管理公司，是在原有的基础上进行了一次转型。

未来还准备再打造组建三只母基金。第一只是中国科学院成果转化母基金，已经组建完成，进入运行阶段，目前势头相当可以；第二只是联动创新母基金，基金管理公司和基金公司正在注册；第三只是正在酝酿之中的绿色发展母基金。

经济观察网：为什么会选择战略直投＋基金投资的投资模式？

吴乐斌：我们把它称为"双轮驱动"，是借鉴了联想控股的经验。一个企业，如果只有基金投资就会偏重财务回报，因为基金投资追求的是回报和退出，就是"养猪"的做法，尽快把被投项目养大养肥就行了；而战略直投是看中企业的持久发展。

国科控股作为国有企业，具有非常好的融资功能。国科控股有很强的从市场直接融资的能力。目前我们有 26 家上市公司，还有一家已经过会了，很快就会变成 27 家。从负债上来看，国科控股的负债率控制在 17% 左右，这是非常低的。因此，我们特别鼓励通过资本市场进行直接融资。

经济观察网：融资平台获得资金后，会投向哪里？

吴乐斌：投向创新体系建设和布局的产业。还有一个平台很重要，就是人才平台，我们有产业智库，已经在欧洲、北美设立了相应的协作办公室，收集欧美地区新商机、新产品、新技术的信息，同时我们也和相关单位对产业的发展方向做一些适时课题研究。

此外，还有双创平台的打造，成立了国科创新，在全国做了布局，比如在北京、上海、成都、广州建立了孵化器和加速器，有集成技术的展示、交易，还有基金、产业园、知识产权等相对集中的孵化平台，我们称为"技术超市"。

市值重要，销售额和利润更重要

经济观察网：您认为什么样的企业，才值得去投？

吴乐斌：我说过"道法术势"看企业，作为科技企业，更重要的是聚焦于技术和团队。

这几年大家都说创业 10 年、市值达到 10 亿美元就可以被称为"独角兽"。市值固然重要，但我们更看重销售额和利润。你的销售额和利润在哪儿？你的核心技术在哪儿？烧钱是一个过程，最终是要有利润的。所以，我们认为销售额和利润更为重要。

经济观察网：从战略性新兴产业来说，国科控股做了哪些布局？

吴乐斌：2014 年以来做的新布局，就是刚才说的这两件事情，一是打造体系，二是促进、引领、发展一批战略性新兴产业，其中重点包括"三子、两米又三城、一大一小和甲醇"。

"三子"是指光子、离子、量子。量子产业方面，是以潘建伟院士的技术作为支撑，打造量子通信产业，其中国盾量子正在准备上市。光子产业方面，我们以西安光机所为依托，投资了西科控股和中科创星，孵化了一批光子产业相关的企业，现在已经超过 200 家。同时，我们也投资了由国家极大规模集成电路制造技术及成套工艺项目的科技成果转化而来的公司——科益虹源。离子产业方面，是以兰州近物所的重离子治癌装置和技术为主，组建了国科离子，正在报批国家首台（套）的重离子医疗器械注册证。

我们产业布局中的另一个重点是"液态阳光经济"产业，这专门是指以甲醇为代表的低碳醇相关的一系列产业。第一，甲醇是清洁的煤，与煤炭相比，二氧化碳减排 50%，PM2.5 减排 80%，氮氧化物和硫氧化物减排 90% 以上。第二，甲醇是便宜的油，现在一吨汽油是 9000 多元，而一吨甲醇是 2000 多元。第三，它是移动的电，现在的电都要通过电网输电，缺点是基础设施投入大，路上电阻的消损很严重，除非是超导材料，相比而言甲醇运输方便。第四，它是简装的气，氢气、LNG 都需要低温高压，成本很高，建一个加气站要 2000 多万元，甲醇站可能也就需要几百万元，它是简装的，不需要低温，不需要高压。所以叫清洁的煤、便宜的油、移动的电、简装的气。当然，在甲醇的使用上，还需要国家出台相关的法规政策，制定行业标准。

改革开放就是改规则，最大的变化是人

经济观察网：您提到的这些新布局，实际上还涉及另外一个问题，就是科技人员的自主创业，中科院有哪些新的尝试？

吴乐斌：我们中科院的做法是很开明的。各研究所对科研人员创业非常支持，有的研究所不再要求以入股的方式参与科研人员创办企业，而是通过技术的转移、转让、转化收取技术服务费，其中可以有入门费和提成组合，也可一次提取。有的研究所让科研人员带着技术去创业，按比例收取收益分成。

经济观察网：是在保留科研身份的同时，还能自主创业？

吴乐斌：我目前了解到，很多地方给出的政策还是很不错的，研究人员可以离开原岗位三年，失败了就再回来。不少高校也是保留事业编制身份，上班就去企业，这跟硅谷的做法是一样的。其实科研院所还可以再放开一点，提供更加宽松的环境来支持科研人员创业。

经济观察网：今年是改革开放 40 周年，您对改革开放体会最深的是什么？

吴乐斌：第一，没有改革开放就没有国科控股。改革开放就是改规则，最大的变化是人。第二，深化改革、扩大开放是唯一选择。

（原载于 2018 年 12 月 14 日《经济观察报》　记者：李晓丹）

科创板开启"硬核"科技黄金时代

引　言

　　依托于中科院对国家战略核心科技的超前布局，国科控股旗下企业在技术上往往能够达到行业领先的水平，但是距离大规模商业化尚有一段路要走，例如国科控股重点发展的光子、离子、量子等"三子"产业。在中科院，类似量子通信的超前科研还有很多，而科创板的到来，将为这些"硬核"科技开启一个黄金时代。

　　从"两弹一星"，到载人航天和"蛟龙"深潜；从我国第一台计算机，到曙光超级计算机、龙芯系列通用芯片，还有寒武纪 AI 处理器；再从暗物质卫星、量子科学卫星，到可产业化的量子通信、人类基因测序等前沿技术……作为中国顶级科研学者的神圣殿堂，中科院众多优秀的科研成果犹如玉盘明珠，而在硬科技时代，资本的手总会挑选格外明亮的那颗，然后高高举起。

　　中国科学院控股有限公司（简称"国科控股"）是首家中央级事业单位经营性国有资产管理公司，代表中科院统一负责进行资产运营，掌管着 7600 亿元规模的科技资产。其"掌舵人"吴乐斌，多年来致力于打通一条从科研院所知识 IP 到资本市场 IPO 之间的"运河体系"。

　　岁月既积，卷帙自富。以科大讯飞、中科曙光为代表的中科院籍上市公司越来越多；随着科创板鸣锣开市，更有国盾量子、国科环宇、中科星图等多家公司争相奔赴科创板，国科控股旗下的上市队伍正加速壮大。

对国科控股来说，科创板是一次前所未有、却似"量身定制"的历史机遇，国科控股董事长吴乐斌对此感受良多。

鼓励旗下企业都上市

中国科学院不仅是国家的高科技智库，亦是有待资本赋能的 IP 宝库。"现在中科院旗下已经有 900 多家企业，其中 50% 以上的企业都还没实现盈利，但是很多已经在细分领域处于领先地位了，这些企业都是符合科创板定位的。"吴乐斌说道，"除了目前已经申报科创板的多家企业之外，后续还有寒武纪等公司也将首选科创板上市。"

中科院一向鼓励科学家们带着技术成果创业，从中科院已经走出了不少优秀的企业，"养成" 28 家境内外上市公司。

最早的代言人是来自中科院计算所的柳传志。1984 年，40 岁的柳传志带着中科院特批的 20 万元启动资金，与 11 位中科院技术人员创建了"中国科学院计算技术研究所新技术发展公司"，也就是现在的联想。后来又有了从中科大电子工程系实验室走出的科大讯飞，现在已是亚太地区最大的语音上市公司。AI 浪潮中的明星企业寒武纪虽成立于 2016 年，但其最早可追溯至 2008 年中科院计算机所成立的 10 人计算研究团队，公司的两位"天才兄弟"创始人是毕业于中国科学技术大学"少年班"的陈云霁、陈天石。

从技术到商业，从实验室到市场，是中科院旗下企业共同的成长路径。"对于中科院的每个创业公司，我都希望他们以上市为目标。"吴乐斌的宏大愿景，超乎记者预料。他解释道："从现有经验来看，上市是帮助企业做大做强最有效的途径。除了极少数的优秀企业没有上市之外，绝大多数行业领先的企业都需要资本市场的助力。"

科创板加速科研成果转化

作为国资运营公司，国科控股代表中科院统一负责对院直接投资的全资、控股、参股企业经营性国有资产行使出资人权利，其"掌舵人"吴乐斌，多年来致力于打通一条从科研院所知识 IP 到资本市场 IPO 之间的"运河体系"。

这条"运河"怎么挖，才能给科技成果转化引来"活水"？这一直是吴乐斌思考的问题。据介绍，围绕中科院"率先行动"计划，国科控股 2014 年制定了"联动创新"纲要，通过建设投融资平台、双创平台、产业智库、创新联盟、创新领军人才平台等九项主要措施，积极推进新一代信息技术、节能环保、新材料等七大战略性新兴产业发展。

在吴乐斌看来，助力科创企业发展，"基础设施"的搭建必不可少。首先是投资平台。国科控股现在正在组建三只母基金：第一只是成果转化母基金，目前已经开始运行；第二只是联动创新母基金，组建完毕后将很快投入运营；第三只则是绿色发展母基金，主要是把发达国家的先进技术外溢对接中国市场和企业。

其次是融资平台。硅谷有硅谷银行，以色列有科技保险。"中国要具备同样的创新水平，也非常需要科技银行和科技保险。"吴乐斌说，"其中，科技银行可以通过'投、贷、服务'联动的方式，解决科技型小微企业融资难问题。目前国科控股的科技保险和科技银行两大平台还在准备阶段。"

若是能搭建好这些基础设施，尖端科技才能实现创意到产品、产品到销售、销售到利润、利润到上市、上市到行业领袖等五个阶段的跨越。对于高科技企业来说，从销售到利润的阶段是一个漫长的过程，但这个时期又正是公司需要资金扩展市场和提升产品的关键时期。

科创板的设立，可以让科研成果转换跳过原来"有利润"的环节，帮助科创企业提前一个阶段拿到资本市场的"门票"。吴乐斌认为，科创板淡化盈利指标，能让中国的科技创新企业在真正需要资金的时候向公众融资。"从这个角度看，科创板加速了中科院的科研成果转化，有望让中科院从科创'领先一步'走向带动'经济突破'的功能升级。"

布局超前的科研"担当"

依托于中科院对国家战略核心科技的超前布局，国科控股旗下企业在技术上往往能够达到行业领先的水平，但是距离大规模商业化尚有一段路要走，例如国科控股重点发展的光子、离子、量子等"三子"产业。

国科控股对量子领域的布局由来已久。继入股量子设备制造商国盾量子、牵头成立中国量子通信产业联盟后，2016 年，国科控股决定联合中国科学技术大学和潘建伟院士等技术团队，发起设立国科量子通信网络有限公司（简称"国科量网"），目标是引导市场资金参与量子网络建设，通过网络建设和运营，打通量子通信产业链上下游。

这是一次促进量子通信产业链、资本链及创新链"互动连接"的探索。吴乐斌认为，"二战"时需要苦心破译的密码如今看来已非常简单，随着技术的发展，现在一般的通信保密措施理论上已经都可以被破解，通过量子物理进行通信加密的安全性更高。

我国在量子通信领域走在世界前列。依托于 2011 年、2013 年前瞻布局的"墨子号"量子科学实验卫星和量子保密通信骨干网"京沪干线"技术验证及应用示范项目，中国"星地一体"的量子网络出现雏形，并进行了世界首次洲际量子保密视频通话。这引发了世界主要发达国家和地区对量子通信的高度重视与战略跟进。

"星地一体"量子网络建设已经成为全球共识。2018 年 2 月，国家发改委立项支持新一代信息基础设施国家广域量子保密通信骨干网络项目建设，为我国的量子通信继续保持领先奠定坚实基础。国科量网担此大任，正在建设覆盖京津冀、长三角、粤港澳大湾区等区域的量子干线网络。

一流的企业做标准。在中国科学院和工信部的支持下，中国通信标准化协会专门成立了量子通信与信息技术特设任务组，正在积极参与和引导国际国内量子通信有关标准化工作，国科量网和国盾量子都是国际标准的牵头制定者。

量子通信何时能实现大规模应用仍是市场关注的问题。吴乐斌认为，量子通信在法律法规上虽然有空白，但并没有太多推广障碍。对一个新技术来说，最好的支持不是只靠政府出钱，而是"出现一批有远见的用户"。他预计，量子保密通信会在政府、金融、国防、安全等2B领域率先得到广泛应用。"使用创新的技术和服务的用户，实际上有点像无名英雄，很值得鼓励。"

"下一步我们还将继续加大支持力度，更快更好地推动量子通信产业等战略新兴产业的发展。"吴乐斌说，"这些新经济有可能很长时间没利润，但是它们代表了正确的方向。现阶段需要有眼光的投资者支持，静待产业爆发后获得丰厚回报。"

在中科院，类似量子通信的超前科研还有很多，科创板的到来，将为这些"硬核"科技开启一个黄金时代。

（原载于2019年8月8日《上海证券报》　作者：王雪青）

专访中科院科技成果
转化母基金"掌门人"吴乐斌

"中科院籍"高科技公司寒武纪,以 68 天的时间,创下今年以来科创板上市企业过审的最快纪录。

上市环节,在中国科学院科技成果转化母基金"掌门人"吴乐斌眼里,属于"五条鱼"理论里的"第四条鱼",即"从有利润到上市"这条鱼。

近日,吴乐斌接受了《证券日报》记者的专访,畅谈他掌舵的中国科学院科技成果转化母基金、科技成果转化的"一条河与五条鱼"理论、科创板支持科技企业发展等问题。

打通 IP 到 IPO 间的"运河"需要搭建基础设施

多年来,吴乐斌一直致力于打通一条从科研院所知识 IP 到资本市场 IPO 之间的"运河体系"。

"知识海洋和资本海洋之间有千山万水的阻隔,这条运河怎么挖?就需要搭建必不可少的基础设施。"吴乐斌告诉《证券日报》记者。

他进一步解释称,如果将整个科技成果转化的生态环境比喻为"运河",科技型企业的成长阶段便可以称为"运河"里的"五条鱼":分别是从创意到产品、从产品到有销售、从有销售到有利润、从有利润到上市、从上市变成行业龙头。

当然了,"运河体系"只是一个比喻。在吴乐斌看来,其实就是打造一个生态体系，这离不开各个层面的共同努力。

"作为中科院体系的一部分，中科院科技成果转化母基金更多的是去寻找生态良好，或者'运河'流过的地方进行布局。这就意味着，我们会选择一些科技重镇和经济、科技发达的地区，紧紧跟着国家战略进行布局。"吴乐斌说，在这一过程中，中科院科技成果转化母基金会坚持双轮驱动，即战略直投和基金投资的协同，让 IP（知识产权）、LP（有限合伙人）、GP（普通合伙人）、SP（战略合作伙伴）形成良好的战略协同联合，形成"4P 协同"的产业链。

据吴乐斌介绍，中科院科技成果转化母基金运行已有近两年时间，以"母基金 + 直投"结合的方式投资，搭建面向全国的科技成果孵化、转化平台和投资体系。

《证券日报》记者注意到，在中科院科技成果转化母基金的直投项目中，有多个在业内有一定影响力的案例，寒武纪就是其中之一。此外，还包括盛诺基、国科天迅、天广实、芯长征等。

"科技企业成长的五个阶段均需要资金助力，而中科院科技成果转化母基金，侧重在上市前的阶段，即前三个阶段。"吴乐斌说，而恰恰前三个阶段的工作是一个慢活、细活、苦活、难活，要做好很难。

所谓慢活，是培养周期长，一直要培育护送到第四个阶段；细活，是因为它很娇贵，需要更多耐心；苦活，是要做好量身定做的贴身服务，才能让他们成长；难活，是要有专门的手艺才行。

"从很多科技企业的成长规律来看，由一个好的创意或者技术成长为优秀科技企业，这个过程涉及非常多的因素，如果投资者不具备慧眼、功力，就很难吃透。"吴乐斌说，在这一过程中，往往是第一阶段和第二阶段的企业面对的问题更加关键，投资人需要深入了解科技企业成长规律，才能真正帮助企业顺利度过成长关卡。

他介绍，"中科院科技成果转化母基金不仅要给标的企业带来资金，更重要的是带来价值，做科学院的事，用社会化的钱，用市场化的人"。母基金二期将进一步明确投资策略，紧紧围绕和服务好中科院科技成果转化工作。

科创板实现很好的发展可打高分

得益于我国资本市场的发展，一大批长期积淀和蕴藏在科研院校中的科技成果，正在被逐渐发现、挖掘、转化。中科院，就是一座有待资本赋能的 IP 宝库。而从技术到商业，从实验室到市场，亦是中科院旗下企业共同的成长路径。

科创板，正是企业实现成长的场所之一：推出近一年来，已有"中科院籍"企业在科创板崭露头角。同时，亦有多家"中科院籍"企业计划科创板上市。

"作为旁观者，我给科创板打的分数会比较高，在 90 分到 95 分之间。"吴乐斌对《证券日报》记者表示。

之所以打出高分，吴乐斌给出的理由是，科创板实现了两个大的跨越。第一个跨越是实现了注册制，这是中国资本市场多年来所盼望的目标；第二个跨越是不再以净利润作为上市门槛的"硬指标"。

科创板根据板块定位和科创企业特点，设置了多元包容的上市条件，使得市场的"进口"畅通。

"这两大跨越符合国际惯例，更重要的是贴近科技企业的发展规律和特征。所以，从这两方面来看，科创板实现了很好的发展。"吴乐斌说，同时，从已经上市的企业情况来看，体现出了自身的成长性和优势。所以，科创板应该可以打很高的分数。

随着科创板试点注册制取得成功，创业板也将迎来注册制。

设立于 2009 年的创业板，聚集了一批优秀企业，在落实创新驱动发展战略、服务实体经济等方面发挥了重要作用。

吴乐斌认为，科创板以国家战略性新兴产业为主，创业板以高新技术产业为主，都有高科技含量和高成长性的企业。虽然两者分属于不同的交易场所，但是，两个不同的市场可以相互借鉴，同时又有一定的竞争和互补，共同推动企业的发展。同时，科创板实行注册制已经取得了成功，创业板借鉴科创板的成功经验，完善后再发展，对企业和投资者而言，又多了一个选择。

不管是科创板还是创业板，都为支持科技创新、支持科技成果转化，提供了优秀的场所。那么，资本市场还可以在哪些方面发力？吴乐斌给出了两个答案。

首先，科学无国界，科技是全球化的。面对科学创新、科技革命和产业变更，一定要坚持走全球化的道路，要将全世界的创新为中国所用，同时，我们的创新也要与全世界共同分享。

"我始终有种判断，发达国家和地区的科技经过这么多年的发展和积累，科技创新已经走在全世界前列，但是由于一系列因素的制约，他们的科技创新有外溢现象。中国是发展中国家，市场在不断增长，产业在不断发展，但是市场的需求始终处于饥渴状态。如何让'外溢'和'饥渴'之间形成对接，这是资本市场需要考虑的问题。"吴乐斌说。

怎么做？吴乐斌认为，可以通过基金的纽带，实现外溢的供给端和饥渴的需求端的结合。

"希望资本市场稍微再做点努力，为技术全球化提供平台。就像烧水，已经达到 99 度了，那么是否能够再加 1 度？"吴乐斌说。

其次，希望能给 VC 和 PE 打造一个接盘的平台。

"现在 VC 和 PE 的数量在中国达到了空前的程度，这就会出现河道拥堵的情况，最严重的就是退出严重堵塞。现在资本市场已经进行了一系列的改革，但是'堰塞湖'还是存在。"吴乐斌说。

有鉴于此，他提出，是否能主动打造一个类似于 VC 和 PE 的股权交易平台的对接平台。

　　例如，银行和保险的资金原本可做长期投资，但由于监管等多方制约，导致长投短用。"如果能够保证资金可以在基金中短期退出，那么就能激活银行、保险机构的资金。这就需要建立一套全方位的机制。"

（原载于2020年6月12日《证券日报》　作者：朱宝琛）

将中科院科技成果更快更多转化为生产力

"用社会化的钱和市场化的人，做中科院的事。"这是中国科学院科技成果转化母基金（以下简称母基金）成立两年多以来，其掌舵人中科院创投董事长吴乐斌的期望。

日前，吴乐斌在接受《中国科学报》专访时表示，母基金启动运行以来，正在联合社会各方力量，将中科院科技成果更快更多地转化为生产力。

为什么成立母基金

2017年9月，中国科学院科技成果转移转化母基金启动，该基金由中国科学院控股公司代表中科院直接出资，联合地方政府国资平台的出资、金融资本及社会资本共同设立。母基金能更快更多地聚集社会资源，放大投资规模，形成辐射和带动作用。成立之初，这只基金以"母基金＋直投"的方式投资，预计撬动的总资金规模在200亿元左右。

作为国家的科技战略力量，中科院每年的论文和科技成果产出很高，但如何转化为生产力一直备受瞩目。吴乐斌回忆道："母基金成立的初衷也是希望引导社会资源解决中科院成果转化的问题。"

近年来，中科院开始探索科技成果转化新模式，并且每年保持高速增长，表现出不俗的实力和潜力。在此基础上成立的母基金以"助力科技创新、实现资本增值"为使命。"为完成此使命，母基金的运作坚持尊重市场价值规律和竞争规则，挑选专业的人组建团队，凝聚社会资源，弥补中科院的资金短板，实现科技成果到生产力的转化。"吴乐斌说。

截至目前，母基金已经与中科院相关部门及研究所合作，构建了重点备投项目库，其中包括量子、光子、离子、纳米、大数据、小卫星等一批前沿科技产业化项目。

一条河里养五条鱼

当前是什么阻碍了科技成果转化的效率？吴乐斌认为，这与科技成果转化所处的生态系统息息相关，他将整个科技成果转化的生态环境比喻为"运河"。

"从智本（IP）的海洋到资本（IPO）的海洋，需要挖通一条运河。"在吴乐斌心中的运河体系里，母基金发挥着很大的作用，他解释道，"母基金可以沿着运河流动的方向去寻找科技重镇，紧跟国家布局落户，推动当地产业链的发展完善。"

吴乐斌希望母基金可以在中科院院所所在地进一步深耕，实现"战略直投＋基金投资"的双轮驱动，打造战略投资平台。当前，母基金的投资人包括吉林、武汉、南京、苏州、安徽等十二个省（市）地方政府。

另外，吴乐斌还将科技型企业的成长阶段比喻为"运河"里的"五条鱼"，这五条鱼分别代表着科技型企业从创意到产品、产品到销售、销售到利润、利润到上市、上市到行业领袖的五个发展阶段的跨越。

如果环境不好，运河里的鱼就容易死，吴乐斌认为运河的生态环境很重要，母基金侧重前三个阶段，从第一条鱼开始孕育，这是一个慢活、细活、苦活、难活。

他以从创意到产品的第一阶段为例解释道，一项研究工作，其科研经费用完了，但其科研成果还没有迈入市场的门槛，社会化的钱还没有到，科技成果就半途而废了，这就是科技成果转化的"死亡之谷"，第一条鱼、第二条鱼很容易死在"死亡之谷"里。

基金带动基地发展

在吴乐斌的运河体系里，还有一个重要组成——基金和基地的叠加，这里的基地包括科研基地和产业基地。

今年的政府工作报告首次提出发展社会研发机构。对此，吴乐斌并不意外，他表示，"社会研发机构是在新举国体制下的新型科研机构，社会研发机构是以国家目标为导向，按市场化体制机制运行，产权清晰，各方共赢"。

吴乐斌所指的产业基地主要承载科研基地的成果转化工作，需要相关基金的参与，实现产城结合、产融结合，推动科技成果转化落地。

此外，吴乐斌希望母基金在推动基地发展的同时，可以聚焦硬科技和绿科技领域，助力科技产业的发展，实现创新链、产业链、资本链的协同联动。

为什么是硬科技和绿科技？吴乐斌解释道，硬科技被理解为比高科技更高的科技，瞄准当前最前沿的核心技术；绿科技用最小的碳排放和环境的扰动实现人类经济社会最大限度的物质和精神需求。

他还透露，母基金二期将进一步明确投资策略，围绕和服务好中科院科技成果转化工作，在设立子基金方面将探索与市场最优秀的基金团队合作，发挥其市场资源优势，打造一批具有鲜明硬科技和绿科技特色的专业成果转化子平台。

作为母基金掌舵人，吴乐斌希望母基金可以依托中科院科技创新优势，专注于科技成果转化与科技企业的投资，打造具有国际影响力的国家科技成果转化基金，并带动一批产业基地的发展壮大。

（原载于 2020 年 6 月 15 日《中国科学报》　作者：沈春蕾）

让科研衔接市场
科技企业如何走出"死亡之谷"

——专访中国科学院科技成果转化母基金掌门人吴乐斌

"科研经费怎么和市场投资资金衔接？只有基金投资不够，但没有基金投资不行。"

近日，在 2020 年全国大众创业万众创新活动周北京分会场上，中国科学院科技成果转化母基金（以下简称母基金）掌门人、中科创投董事长吴乐斌在接受澎湃新闻记者专访时作出以上表述。

吴乐斌认为，对于科技初创企业，要走出"死亡之谷"，走向市场的初期一定需要政府为主导的资金支持。通过母基金的引导作用，将政府科研经费、企业资本、保险、金融机构贷款等放大投资规模，才能帮助科技企业渡过市场"认钱不认人"的难关。

吴乐斌生于 1962 年，在 2014 年至 2019 年间任中国科学院国有资产经营有限责任公司董事长（即后来的中国科学院控股有限公司，简称国科控股）。在那之前，他曾任中生北控生物科技股份有限公司董事长兼总裁。

再之前，自 1998 年 4 月至 2005 年 6 月，他是中国科学院生物物理研究所副所长。

十几年的研究所生涯与十几年的企业经历让吴乐斌熟知科技成果转化之路的障碍、门槛与挑战，他称自己是为科技初创企业"挖运河的人"，要通过母基金"用社会化的钱、市场化的人，做中科院的事。"

2017 年 9 月，母基金启动，该基金由国科控股直接出资，联合地方政府国资平台的出资、金融资本及社会资本共同设立，以"母基金 + 直投"的方式投资，预计撬动的总资金规模在 200 亿元左右。

6 月 2 日，"中科院籍"企业寒武纪以 68 天的时间，创下今年以来科创板过会企业的最快速度。早在 2016 年 3 月成立之初，寒武纪就获得了来自中科院的数千万元天使轮融资。

吴乐斌表示，中科院有大量科技成果待挖掘，科创板正是帮助企业生长的场所之一。然而，要实现寒武纪这样的转化并不容易。吴乐斌称，除了引入资金，还要从交易结构、核心技术、治理结构、科学家是否具备创业素质等多个方面对企业进行评估。

截至目前，母基金正与中科院相关部门及研究所合作构建重点备投项目库。其第一期基金正在关闭，其中包括 72 个中科院成果转化的项目。

吴乐斌也对当前受到广泛关注的量子通信、大数据等行业的投资价值进行了评价。国科控股是国盾量子和国科量子的股东，吴乐斌表示，当前我国的量子保密通信技术已经通过了京沪干线、洲际视频通话等实践检验。他认为，量子通信下一步的发展将主要在保障国家安全等方面发挥作用，虽然其 to G（政府客户）、to B（企业客户）的市场有一定局限性，但"即便是受局限的市场也足够大"。

走出"死亡之谷"

早在 20 世纪 80 年代，美国学者就发现"将研究成果转化为商业产品"是制约产业竞争力提升的重要因素，即科学研究与商业化产品开发之间严重脱节。

这一发现在 1998 年时任美国众议院科学委员会副委员长 Ehlers 向国会所提交的报告中首次被命名为"死亡之谷"（Valley of Death）。

谈及科技成果转化的重点与难点，吴乐斌首先讲到的就是如何走出"死亡之谷"。通常来讲，公共部门通过科研经费对科技工作给予支持；而所谓的"私人部门"，也就是企业资本倾向于已经有明确商业前景的后期项目。

吴乐斌解释道，这导致科研成果早期市场化的融资空白，"通俗来讲就是科技初创企业'爹不疼娘不爱'、青黄不接的时候。"

对此，吴乐斌形象地提出了"一条河与五条鱼"的构想。"一条河"就是一条从科研院所知识 IP 到资本市场 IPO 之间的"运河"；而"五条鱼"则代表科技型企业的五个生长阶段：从创意到产品、从产品到销售、从销售到利润、从利润到上市、从上市到发展成为行业龙头。

而"死亡之谷"就是运河发端的地方，"当鱼还是鱼苗、还没进入资本海洋的时候"。

如何打开阀门、疏通障碍？

"要把三种人和四种钱聚在一起：科技人员、企业经营人员、投资者；政府科研经费、企业资本、保险、金融机构贷款。"

吴乐斌解释称，让这"三种人""四种钱"在一个点上发力特别难，但科技成果转化的过程特别是在"死亡之谷"的阶段需要这四种钱，"就像之前泾渭分明的小河要汇聚成大河"。

他山之石：美国的 SBIR 计划、SBIC 计划与拜杜法案

美国政府帮助科技企业突破"死亡之谷"就很好地运用了这几种钱。

1958 年，美国出台小企业投资公司计划（SBIC），美国小企业管理局负责向支持小企业发展的创投公司颁发许可证并提供政府资助，简单来讲，就是政府通过这一计划将私人资本引入科技创新领域的初创企业。

第一个阶段，SBIC 计划利用杠杆撬动 3 倍的贷款，第二个阶段，撬动 2 ~ 3 倍的债券，第三个阶段，撬动 2 ~ 3 倍的证券，一直扶持到科技企

业获得利润。

从 1982 年开始，美国又开始实施小企业创新研究计划（SBIR）。"美国长时间被认为是小政府、大社会，但是恰恰是在创新这个领域，美国政府的手伸到了这个领域最艰难的地方。"

SBIR 计划规定，凡年度研发经费超过 1 亿美元的政府机构必须预留出一部分款项（这一比重现约为 3.2%），形成资金池，用于资助上述小企业创新研究计划的对象。

吴乐斌进一步表示，在美国 SBIR 计划中，出资机构包括国防部、美国国立卫生研究院、国家宇航局、能源部等。这笔资金与中科院的母基金作用类似，起引导作用，有利于科创小企业渡过市场"认钱不认人"的难关。

在吴乐斌看来，这就是实现了"第一条鱼"的成长阶段，即从创意到产品。

"第一笔钱解决一个问题，相当于撰写技术投资的商业计划书，包括技术市场定位、技术的科学原理等；第二笔钱再解决一个问题，技术参数的稳定和行业准入。"吴乐斌表示，上述两个问题解决了，产品就可以进入市场了。

"完成'第一条鱼'的阶段相当于把科研成果出门之前的最后一公里护送完了，市场谁来接它呢？"

吴乐斌称，进入第二阶段，SBIR 计划将推动政府采购，相当于我国的"首台套"政策，如对国内实现重大技术突破但尚未取得市场业绩的装备产品实行政府采购。在过去的几十年中，包括微软、高通、Facebook、特斯拉在内的美国今天知名的科技企业，几乎无一例外地都得到了 SBIC、SBIR 计划的支持。

"在经济活动中，下游决定上游，下家决定上家，出口决定进口。"吴乐斌表示，基金的退出不能只靠 IPO 一条道，也不能只指望"接盘侠"。

在"运河"的生态圈中，吴乐斌建议母基金、基金可以与其他金融产品实行无缝衔接和接力，如从银行贷款发展到债券、证券的方式进行撬动和放大。

"因为科技创新企业研发周期很长，风险很高，一旦实现了（转化）回报很高，但是银行贷款往往熬不过那个时间。债券相当于国库券，效果比银行贷款好；证券本身具有股权性质，可债可股，效果会更好。"吴乐斌说。

吴乐斌透露，为了进一步解决科技初创企业的长线资金问题，有关人士正在酝酿设立推动科技成果转化的长期资本基金，如果再协同专项科研经费，联合科技保险、科技银行撬动更大的资金，中国的科创生态将出现盎然生机。

此外，在科技成果的知识产权方面，美国在 1980 年通过了《拜杜法案》，解决了科技成果专利权属的问题。该法案明确，联邦政府资助的科研课题，如果两年内成果不能转化，其权属就将自动授权给科技人员。

《拜杜法案》出台后，美国的科技成果转化率短期内显著提高。

吴乐斌称，《拜杜法案》的出台其实基于一个基础的问题：如果发明者不能拥有研究成果、不能享有科研成果的商业价值，那么技术发明人员将成果转化的热情就会大打折扣。而如果科技人员创造的积极性没了，科研投资的产出就没了或少了。

因此他认为，当下应采取包括把知识产权的收益权给科技人员的一系列政策。"我们当前还走在探索的路上，怎么跨越'死亡之谷'，我觉得需要有中国的拜杜法案、中国的小企业投资公司计划和 SBIR 计划。"吴乐斌说。

缺什么补什么

吴乐斌透露，当前我国正在考虑和探索"把专利的权属交给科学家"。

专利是以市场为导向的应用研究的产物，而研究所、高校作为平台打通了学界和产业界。"这个平台最后的目的是要做出成果，服务于社会和经济发展，所以研究所要大度一点，把权利让渡给科研人员。"

吴乐斌向记者表示，西南交通大学等地已经开始探索将科研专利交给科学家团队和个人。他表示，这样可以最大限度地提升科学家的积极性。如果科研结果最终走向社会，投资的乘数效应和税收最终还将反哺社会。

纳税人的概念被吴乐斌反复强调，他表示，美国的SBIR计划和SBIC计划都有一个重要的前提：接受资助的企业必须是美国公民创办或控股。其他国家出台的类似计划也如此。"所以有一条我要特别说明，如果我们的专利权让渡给科学家，要设置前提条件，这个企业的控股股东必须是中国人。"吴乐斌认为，用于支持科技转化企业发展的资金来自社会资本、税收，"取之于民，用之于民"，这样也能一定程度上解决很多人担忧的国有资产问题。

采访中，吴乐斌的身份常常在"科研所所长"和"投资者"之间切换。当被问及"如何平衡企业、科研院所、科研人员之间的分工和利益"时，吴乐斌表示，首先科研人员要得到足够的尊重，包括在专利归属权上和股权激励上。

同时，作为曾经离科学家最近的人，他观察到他们身上存在一些问题：法制意识、市场意识、质量意识、合作意识不够。

例如有的科学家研制的药物效果非常好，结果半衰期却只有一分钟，"针扎下去再拔出来效果就没了"；再如某个可替代进口产品的国产原料，价格却比原来高十倍。

"科学研究工作是一个极端矛盾的综合体，是最先进的生产力和最落后的生产关系的结合，高活跃最前沿的创造性工作和非常分散的、落后的个性化生产方式的结合。"吴乐斌总结道，科技成果的转化，不仅要强调技术的创新性，也要确保产品参数的稳定性、适应市场的大众性。

而作为如今的投资者，他认为不能简单地看钱投资，而是要看懂科技看懂人，"知道他有什么，知道他缺什么，知道他到什么地方去补。只有做到这样，才是一个好的科技成果转化基金的投资者。"

量子通信：市场虽然有局限，但足够大

10 月 16 日，中共中央政治局就量子科技研究和应用前景举行了第二十四次集体学习。这让"量子科技"再一次成为资本市场上的热词。

事实上，量子科技包括量子通信、量子计算、量子测量三大领域，而量子通信就是量子保密通信，即通过量子纠缠分发密钥，达到对通信"不受距离约束"的保密。

早在我国"十三五"规划中，中央就明确科技部要加大在超级计算、量子信息等领域的投入，加强高新技术重点布局。

今年，我国再次在量子通信领域取得重大进展。6 月，中国科学技术大学常务副校长、中国科学院院士潘建伟院士团队通过"墨子"号量子科学实验卫星，首次实现了千公里级的量子密钥分发。

潘建伟近日撰文表示，在量子通信领域，我国已处于国际领先地位；在量子计算领域，我国整体上与发达国家处于同一水平线；在量子精密测量领域，我国整体上相比发达国家还存在一定的差距。

吴乐斌说，他与潘建伟院士在坐飞机时的一次邂逅，促成了他们之间投资创办国盾量子（科创板上市公司）和国科量网公司的合作。他认为，当代科学开始的标志就是量子论和相对论的诞生，量子保密通信技

术的应用已经通过了实践检验。

吴乐斌表示，京沪干线等项目的成功实践能够反击当今市场上对于量子通信技术的质疑，一些冒名"李鬼"的企业也终将被市场淘汰。但与此同时，量子通信产业作为新兴产业，必然需要市场培育的过程。

"现阶段量子通信的主要应用领域在于党政、国防、政法、金融、外交等，市场受到一定局限。但我们要看到，即便是受局限的市场也足够大。"

吴乐斌进一步表示，量子保密通信产业的拓展反过来可能促进量子科技的发展，因此量子科技的前沿探索与市场开发都应得到重视。

"科研科技的发展是：你想要走向 A，但是可能带出来 ABCD。量子科学的发展本身又会影响多少个领域，我们不知道。"吴乐斌说。

（发表于 2020 年 10 月 26 日《澎湃新闻》）

科技创新投资，政府要让利、容错

——专访中科院创投董事长吴乐斌

2018 年，《资管新规》出台后对私募股权投资领域影响深刻。严监管下，金融机构资金被困，加之"国资不得先于社会资本前到位"的规定，致使许多政府、国有类资金不敢孤军深入，PEVC 缺乏源头活水。久而久之，政府基金投资领域管理模式行政化、投资效率低下、资金闲置等问题逐一浮出水面。另一方面，科技创新亟须资本的加持，创投基金募资难，从而传导到创业企业的直接融资也变得困难。

事实上，一些西方国家也出现过类似的发展阶段。通过借鉴不难看出，政府引导基金作为母基金的一种形式能够发挥特殊作用，撬动社会资本，促进创新创业。在执行过程中，要坚持市场化导向，也要遵循本土化原则。

母基金区别于子基金，对整个投资生态体系具有独特作用，尤其是创投领域。创投企业在不同成长阶段，需要不同的资金，也需要不同的环境。母基金可以通过投偏好不同的子基金产生不同的作用，子基金又可以对项目的成长起到激励价值。母基金往往对社会杠杆的作用更大，所以当投向科技领域时也能汇聚更多资源。

"这就相当于水电站的几个梯级，通过若干级的放大，让母基金的作用发挥到极致。"中科院科技成果转化母基金掌舵人、中科院创投董事长吴乐斌在接受《母基金周刊》专访时这样评价母基金在创投领域中的作用。

但近年来，由于相关政策和投资环境的变化，科技创投界也出现了一些新问题，主要表现在基金投资效率低下、资金闲置等方面。这迫切需要我国政府引导基金在科技创投领域充分发挥作用，探索出一条既符合中国国情，又遵循市场化发展的路径。

严监管下：创业投资裹足不前

《资管新规》（全称是《关于规范金融机构资产管理业务的指导意见》）出台后，严监管下，很多金融机构的资金被困，加之"国资不得先于社会资本前到位"的规定，致使许多政府、国有类资金不敢孤军深入，PEVC 缺乏源头活水。这造成了在科创企业初期的直接融资，受到更强的风险监管。政府投资基金和一些国有资本在现行框架下，很难去承担发展中可能出现的风险。久而久之，便造成了创业投资领域管理模式行政化、投资效率低下、资金闲置等问题。

"一边是高喊国有资产保值增值，另一边又对科创投资使用原有办法管理，这就造成了裹足不前。不过我认为，这些问题都是暂时的，最终将会被解决。"吴乐斌坦言。

中国创业投资的一些前沿地带似乎也正在探索。就在近期，深圳市委书记王伟中公开表示，深圳最高会承担一个子基金投下去一个具体项目的40%的风险，即劣后承担40%。该言论旨在进一步吸引更多初创者、初创企业落户深圳。

然而，中国创投市场突出的现状是，一方面，政府希望通过引导基金撬动市场上的资金，但另一方面，市场上的资金又往往具有逐利性。当政府引导基金作为LP出资到子基金里面时，经常会与子基金里面的其他LP产生利益冲突。头部基金往往比较忌惮拿到这样具有政府属性的资本，但非头部基金又存在着拿不到或者管不好的问题。

跳出症结：看看他山之石

那么国外的政府引导基金是怎样撬动社会资本，又是怎样激发科技创投的呢？

"就全世界范围看，科技企业成长早期阶段，政府往往需要让利和容错，在出资 LP 时，不管是母基金还是子基金，政府往往不会强求高额回报。"吴乐斌表示。

以以色列为例，该国市场中的种子基金和 VC 基金面向科技领域时，其 LP 中的 60% ~ 70% 的资金来自政府，这就会很大程度地激发社会投资者的投资兴趣。

然而这样的结果其实也经历了一个倒逼和探索的阶段。从 1988 年到 1992 年，以色列初创期中小企业数量增加了 3 倍，大量涌现的高新技术企业也使资金严重不足。而当时，以色列的创业投资市场却刚刚起步。于是，以色列政府通过财政投入增加创业投资市场资本供给，撬动了社会资本特别是外国专业创投资本进入本国创投市场。正是在这种背景下，以色列出台了 Yozma 计划。1992 年，以色列风险投资之父伊格尔·艾立赫（Yigal Erlich）向政府提出申请拨款 1 亿美元，组建国内第一只政府创业引导基金，于是 Yozma 基金诞生。

值得一提的是，Yozma 基金在一开始就明确了政府只起引导作用，承担出资义务，放弃管理职能，诉诸专业管理团队来全权负责运营管理，以保证基金的市场化运作。在组织架构方面，Yozma 基金作为母基金参股市场化创业投资基金。政府作为 LP 并不参与子基金的日常管理工作和投资决策，而是和其他社会出资人作为 LP 承担出资义务，同时还聘请专业的基金管理团队作为 GP，充分利用和尊重国际投资基金的专业基金管理经验。

与此同时，在子基金的股权安排上，政府对所投入的 40% 份额设置了利益让渡机制。政府承诺在投资的五年之内，私人、国际投资者可以通过一个确定的期权价格（一般以成本价加5%～7%的收益水平定价）回购政府股份，并承诺向私人投资者让渡7%的未来利润。从投资的角度看，该项期权激励机制类似看涨期权，意味着政府在分担风险的同时，将全部赢利都给了投资者。

由此可见，政府引导基金作为"母基金"，本质是引导、扶持和监管，通过杠杆放大效应，有效地引导民间资本进入关键的、社会所需的创投领域。

政府引导：坚持市场化也要遵循本土化

早在20世纪80年代，美国学者就发现"将研究成果转化为商业产品"是产业竞争力提升的重要因素，即科学研究与商业化产品开发之间严重脱节。这一发现在1998年时任美国众议院科学委员会副委员长Ehlers向国会所提交的报告中首次被命名为"死亡之谷"。

事实上早在1982年，美国政府就开始实施小企业创新研究计划（SBIR），旨在直接向小企业技术创新活动提供财政援助、全力推动国家实验室基础研究商业化。自执行以来，该计划已经引导了数百项新技术完成从实验室到市场的商业化过程，成为美国规模最大的培育高新技术小企业的种子基金和风险投资基金。1992年，美国国会又颁布了《小企业股权投资促进法》，将原来政府直接提供短期贷款的方式改为政府为资本市场上发行的长期债券提供担保的方式，并在注册资本、管理者资质等方面对SBIC（小企业投资公司）提出了更高要求。1994年美政府又提出了股权担保融资的模式。随着政策的不断完善以及监管力度的加大，美国投资引导基金的运作不断完善并带动经济再次进入快速发展的阶段。

在美国SBIR计划中，出资机构包括国防部、美国国立卫生研究院、国家宇航局、能源部等。这笔资金与中科院的母基金作用类似，起引导作用，有利于科创小企业渡过市场"认钱不认人"的难关。

"美国作为资本主义国家，长期被认为是小政府、大市场，但恰恰在创投领域，政府的手却伸了这么长。我们国家的政府更应该做到。"吴乐斌评价。

吴乐斌认为，从一些发达国家发展历程来看，过于苛刻和机械的监管显然不利于跨越"死亡之谷"。

"跨越'死亡之谷'需要把'三种人'和'四种钱'聚在一起。""三种人"即科技人员、企业经营人员、投资者；"四种钱"是指：政府科研投入、企业资本、银行贷款、保险。"吴乐斌认为，让这"三种人""四种钱"在一个点上发力特别难，但科技成果转化的过程特别是在"死亡之谷"的阶段需要这四种钱，更需要和三种人协同发力，即科技人员要有好的科研成果，企业经营人员要有过硬的经营管理能力，投资者要能发掘好的项目，从而助力科技成长，让技术从实验室走向市场。

吴乐斌表示，政府引导基金市场化要坚持三个原则：第一，要承认个体的逐利性。第二，让利益通过竞争实现最大化。第三，竞争要有规范和规则。在此基础上还要考虑到中国的一些特殊国情，也就是本土化层面，比如我们要坚持一定的政治意识，要在政府号召的赛道中去竞争（这就排除了投资房地产这样的行业），要坚持可持续发展和绿色发展。对于与国资的接触，我们更多的是信任和配合，很多时候对于一些流程和要求还要给予一定的理解。要充分考虑到中国各区域间的文化差异。

（发表于 2020 年 12 月 8 日《母基金周刊》，作者：Eyan、大伦）

国有资本要有容错的机制和让利的胸怀

创新型国家最重要的标志之一，就是科技进步对经济增长的贡献率。在促进科技与经济融合的过程中，中国股权投资行业贡献出重要力量，不断为之添砖加瓦。

创业企业和战略新兴产业需要了解业务、了解未来方向的专业投资机构的资金、资源支持以及等待企业茁壮成长的耐心。母基金作为"耐心资本"可以为基金赋能，为企业赋能，为实体经济赋能，通过推动金融与创新、金融与实体经济的深度融合，带动经济高质量增长。

对此，中科院创投董事长吴乐斌先生深有体会。"正所谓'科技弱则国力弱，科技强则国运昌'，科技创新是大国博弈的主战场，是我国实现伟大民族复兴的重要推动力，特别是近年来一系列'逆全球化'事件频发，使得举国上下形成'自力更生解决卡脖子问题'的共识。国内股权投资行业发展如火如荼，母基金要发挥引导带动作用，引领更多资本关注科技创新。"吴乐斌对母基金研究中心表示。

吴乐斌所掌舵的中科院创业投资管理有限公司（后文简称中科院创投）也以行动证明了这一点。自成立以来，中科院创投践行"助力科技创新、实现资本增值"的使命，坚持科创引领、资本赋能、产业发展，不断助力中科院体系内科技成果转化工作，致力于借助金融的力量实现科技成果从智本（IP）到资本（IPO）的跨越。

坚持赋能"新兴产业"与"卡脖子技术

首先，吴乐斌为母基金研究中心介绍了中国科学院科技成果转化母基金的主要情况。

中国科学院科技成果转化母基金，是面向中科院全院、延伸至各科研院所、专注于科技成果转化的创业投资基金，主要采用子基金＋直投的运作方式，联合各研究院所按照行业和重点区域打造一批"硬科技""绿科技"领域特色鲜明的专业子基金，充分挖掘中科院各研究所多年积累的重大科技成果，投资和培育一批能解决卡脖子问题的科技型企业。

目前，中国科学院科技成果转化母基金一期已经完成募资，进入了"投、管、退"阶段，投资业绩不俗，IRR 在 30％ 以上。二期由中国科学院和广东省人民政府合作建立，尚在募资阶段。

成立以来，中国科学院科技成果转化母基金已经投资 20 多只子基金，包括院所子基金和部分市场化头部子基金。对于子基金的选择，首要考察因素是子基金的投资领域，必须是投向战略新兴产业及关键卡脖子技术（纳米技术、新能源/新材料、光电芯片、人工智能、生物医药等）等"硬科技""绿科技"领域。第二点要考察管理团队投资能力与综合素养。此外，社会价值也不容忽视。"中科院创投所专注的科技成果转化除了经济价值，更要重其社会价值。我们在做投资的时候也始终牢记我们是'国家队''国家人'，必须心系'国家事'、肩扛'国家责'。"吴乐斌表示。

同时，吴乐斌也充分强调母基金的意义与价值，认为母基金区别于子基金之处在于"体系"。母基金既依赖于体系又能形成体系，对整个投资生态体系具有独特作用，尤其是在创投领域。创投企业在不同成长阶段，需要不同的资金，也需要不同的环境。母基金可以通过投偏好不同的子基金产生不同的作用，子基金又可以对项目的成长产生激励价值。

科创母基金的商业模式不仅仅是"募投管退",很重要的还有"服",科创的服务体系。科创母基金没有科创的服务体系和环境生态是难以成功的。

"投母基金或做母基金,都要看'风水','风水'不理想的地方不能投也不能做。这里的'风水'就是科技创新的生态体系。现在,科创母基金有点泛化或泛滥,假冒伪劣多了,对发展不利。"吴乐斌谈道。

发挥平台优势,把握"放手+赋能"

在"管""退"两方面,吴乐斌告诉母基金研究中心,目前,中国科学院科技成果转化母基金充分发挥背靠中科院科技资源的优势,利用自身平台汇聚的特点,上线了项目库系统,已经入库近 500 个项目,建立、打通、完善中科院各存量项目库,实现与优秀科技项目的联动。并不定期举行中科院优质项目推介交流会,搭建院所基金项目路演平台,邀请子基金、政府出资人、金融机构、社会资本广泛参与、重点对接。母基金主要依托中科院科技创新优势,集聚和整合优质社会资源,专注科技成果转化与科技企业的投资,基于院地合作框架,通过实现中科院相关科技成果的转移转化,助力地方转型升级,实现优质项目产业集群对接落户,实现地方高质量可持续的发展,进一步夯实做强院地合作关系。

吴乐斌强调,在投后管理方面,投资机构应该坚持的原则是"放手+赋能"。"放手"是因为企业发展始终要靠自身,投资机构不能过多参与管理企业事务。"赋能"是指应该让资本成为"智慧的资本",起到赋能作用,充分发挥投资机构的能力和能量,为企业发展提供有效助力。

"目前,就全世界范围看,科技企业成长早期阶段,政府往往需要让利和容错,在出资 LP 时,不管是母基金还是子基金,政府往往不会强求高额回报。"吴乐斌谈道,"对于政府投资基金来说,政府和国有资本要有开放的心态、容错的机制、让利的胸怀，在履行引导和监管职能时要警惕思维僵化和行为固化，更不能出现错位和越位。"

另一方面，政府在引导基金市场化时要突出坚持三个原则：第一，要承认个体的逐利性，主观利己，客观利他。第二，利益主体之间的竞争是发展的主要方式。第三，竞争必须要有公平公正的规则和环境。因此，加强和改进党的领导是解决国资投资基金和运行基金的根本保证，领导要有国资领导者担当。要提高政治站位，观大势，顾大局，算大账，干大事。要慎重对待"国资不先于社会资本出资"的规则，要慎重对待"一票否决"式的主导控制权，要慎重设立国资全资的基金管理公司，要慎重限制基金管理公司自主经营权和团队薪酬待遇。国资的出发点都是好的，但要看实际效果。

谈及疫情带来的影响，吴乐斌对母基金研究中心表示："去年以来，席卷全球的疫情，给全球经济造成了不小的影响。在 2020 年初国内疫情最严重的时刻，我们的部分子基金和项目在现金流和生产节奏上确实受到了部分影响，但是硬科技、绿科技企业具有很强的技术积累，抗风险能力更强，目前均已恢复。同时，得益于科创板的顺利推行，很多基金和企业也得到了市场追捧。目前为止，疫情全球化蔓延仍然没有得到遏制，这确实让人心痛，但是巨大的灾害也在客观上提升了公众对于硬科技的认知和重视程度，包括无人机器、光电传感、生物医药等相关企业在未来会受到更多关注。"

在退出方面，吴乐斌强调退出是基金的重要环节，甚至在资本收益角度"退的好才是真的好"。就当前而言，中国科学院科技成果转化母基金还未到集中退出阶段。已经退出的项目有上市后退出的，如寒武纪；也有协议转让股权退出的，投资回报均达预期。他认为，S 基金作为补充退出渠道，将发挥越来越重要的作用。"S 基金最大的意义在于提高 LP 的流动性。过去 10 年，中国 VC/PE 市场大爆发，折叠在其中的资金总量之大超乎想象。在国内，IPO 是最主要的退出方式，但 IPO 耗时长、资源有限且存在一定的不确定性，S 基金则作为补充退出渠道发挥着越来越重要的作用。虽然市场空间相当诱人，但由于中国的 PE 市场体系尚不成熟，S 基金的发展依然存在较多桎梏。不过，随着 S 基金的公开交易平台建立，信息不对称、规则不完善等问题有望解决，市场也有望在探索中逐步走向成熟。"他表示。

科技投资的前景与挑战

最后，吴乐斌为母基金研究中心讲述了科技投资的发展前景与实际操作中的心得体会。

他认为，科技创新是未来绝对的主题。近年来国内外科创基金的投资环境总体向好，特别是国内环境明显向好。第一，科技创新的氛围和观念意识空前浓郁，科技创新成为全民的自觉行动。面对日益激烈的全球竞争，大家都意识到我国科技贡献率低、核心技术卡脖子成为困扰经济增长的"命门"难题，科技成果转化是解决这一问题的最佳答案。相应地，科技投资将成为最大赛道。第二，从资金端看，各级政府和各行业企业对科技创新越来越重视，其对基金的出资空前活跃。第三，从资产端看，大院大所的长期积累集聚了大量的先进技术，且科技人员近年来强化了市场意识，其科技成果和知识产权的市场成熟度也有大的改观。第四，从退出渠道看，科创板的设立，为科技项目上市打开了进入资本市场的大门大路，二级市场投资者们对科技创新股的追捧也形成了对科创投资支出的巨大力量。

但同时也存在一些困难和问题，一是对科技投资的长周期性和复杂性认识不足。吴乐斌将科技企业的成长分为五个阶段：从创意到产品、从产品到有销售、从有销售到有利润、从有利润到上市、从上市变成行业龙头。科技企业成长的五个阶段均需要资金助力，而科技成果转化工作侧重在上市前的阶段，即前三个阶段。

"恰恰前三个阶段的工作是一个慢活、细活、苦活、难活，要做好很难。所谓慢活，是培养周期长，一直要培育护送到第四个阶段；细活，是因为它很娇贵，需要更多耐心；苦活，是要做好量身定做的贴身服务，才能让它们成长；难活，是要有专门的手艺才行。所以，未来投资人需要深入了解科技企业成长规律，才能真正帮助企业顺利渡过成长关卡，在科技投资赛道上取得成果成功。还有，在严监管条件下如何调动政府和国资单位工作人员的积极性和主动性，如何确保国有控参股基金管理公司的市场活力和效率，这些是有待进一步解决的问题。"吴乐斌谈道。这也回到了开篇提到的，中科院创投的目标与初心。

自成立以来，中科院创投的发展经历了探索，但是初心从未改变——支持促进中科院各研究所科技成果转化工作；引导社会资本投资中科院早期科技项目；在科技创新领域对新型举国体制积极探索与实践。通过母基金引领撬动，助力解决"卡脖子"技术问题，为实现创新驱动发展提供战略支撑。

(2021 年 12 月 4 日发表于母基金研究中心)

遵循"碳标准"对每个企业来说都是必答题

2022绿研院首场线上直播活动今日举行。中科院创投董事长、绿研院院长吴乐斌分享了对中国企业通过"企业碳标准"领跑双碳目标的看法，他指出，碳达峰碳中和对每个企业来说都是必答题，而不是选择题。绿研院将依据《标准》提供咨询、培训、学习交流等服务，未来也会提供认证服务。

主持人：为什么要编制《企业碳评价标准》？

吴乐斌：在党的十八届五中全会上，国家提出了绿色发展理念。2015年12月，中国签订了《巴黎协定》，这是一个各国共同应对气候变化，并采取行动的约定。2020年9月22日，国家主席在联合国大会上向世界庄严宣告了2030年碳达峰，2060年碳中和的目标。

我们中国对于应对气候变化，对于低碳绿色发展，是一贯的，是主动的，承担起了大国的责任。作为企业，应该如何主动担当，发挥积极作用是应对气候变化问题的关键。在市场经济活动中，企业是社会集体的一个细胞，如果我们的企业不绿，国家和社会就不可能"绿"。企业强则国家强，企业绿则国家绿。

企业实现低碳绿色发展很重要，怎么做才是对的，特别需要有一个标准来指导我们的企业，走上低碳绿色发展之路。

当前情况下，我们已经出台的标准，多是针对国家控制排放的企业，在供给侧做了要求，我们出台的标准，针对的是所有行业，是跨行业的标准。

我们的标准能够指导企业真正实现减碳。2030 年以后，企业排碳的权利是被约束的，2030 年前是达峰的权利，2030 年后则只能减少。我们的时间表是很紧迫的，企业的应对之策非常重要，遵循"碳标准"对每个企业来说都是必答题。

我们在 2007 年就注意到全球气候变化是不可逆转的形势，2013 年发起了中国绿公司联盟，2020 年 3 月，在中国企业家俱乐部的支持之下，我们成立了企业绿色发展研究院，我是创始院长，我们研究院很重要的工作就是，通过推出一系列措施，帮助企业实现绿色发展，推动企业绿色成长，为社会可持续发展贡献力量。我们的宗旨是"服务企业：从企业中来，到企业中去"。其中一项重要的工作就是《企业碳评价标准》的编制，帮助企业解决问题。

主持人：这个标准编制用了多长时间？

吴乐斌：2021 年 8 月，我们在企业绿色发展研究院科技顾问委员会 5 位院士科学家的指导下开启了《标准》的立项，会同中国生物多样性与绿色发展基金会的专家一起开展工作。我们邀请行业专家和产业专家经过了三次线下会议讨论和多次线上讨论，最终形成了《标准》的征询意见稿。并在 2021 年 12 月 6—10 日举行的绿研院年会上征询了理事和绿盟成员的意见，最后于 2021 年 12 月 24 日在全国团体标准信息平台上发布实施。我们不仅听取了专家的意见，还走访了大量的企业，像新奥集团、德龙集团、联想集团、美的集团、蚂蚁集团、TCL 集团和药明康德等。

主持人：企业调研对标准编制起到什么作用？

吴乐斌：我们了解了在企业实践中，低碳绿色发展是怎么考虑的，有什么措施，做的怎样，有什么体会和经验，这些对我们的编制工作都带来了实质帮助，"从企业中来，到企业中去"，企业反馈的信息成为《标准》编制的重要参考，这些信息融入标准以后，再返回到企业，就实现了"从实践中提升理论，再反过来指导实践"的服务宗旨。

主持人：这些企业在减碳和控碳方面有哪些值得借鉴的经验？

吴乐斌：不同的企业，各有所长。例如新奥集团是一家天然气公司，但他们很早就提出了低碳转型和数字化，公司原来叫新奥燃气，现在改为新奥新智，体现的就是数字化。还有联想集团，他们要求供应商必须是绿色的。

主持人：高排放企业进行减排还是挺难的，要付出更多的代价？

我们不能因为有了减排的要求，就歧视排放大户，全社会、全人类要低碳发展，但不能打压这类企业的发展和生存空间。他们在低碳情况下，既要保证生存和发展，还要以最低的排放来实现发展。

主持人：对于减碳行为，是不是每个人都要做到减碳？

吴乐斌：今天我们讲的是企业。减碳是全社会、全人类的作为，企业应主动担当，积极作为，每个员工都是低碳绿色发展的先行者，企业要求他们的员工做到低碳。我们的标准是以企业为单元的，我们既要求在生产过程中低碳，也要在生活中低碳。时时、处处、人人、件件都要做到低碳。

企业就做企业的事情，员工在工作中要遵守低碳的标准去工作。生活中，也要鼓励减碳行为。

主持人：该如何理解"碳票"机制？是否跟粮票的概念比较像？

吴乐斌：我最早听到"碳票"的概念，内心是有抵触的，我们好不容易告别了计划经济时代，我们使用过粮票、布票、糖票，那个时代没有"票"寸步难行，现在再提"票"，我第一时间是抵触的，但经过讨论之后，我完全接受这个概念。

大气中温室气体的浓度和温度密切相关，如果地球平均温度的提升超过1.5℃，将给地球带来灾难，不仅影响生态，还会直接影响人类的生存。

地球是一个"村"，大家都要共同爱护这个村，为此就要控制温度升高，这就用到了我们计划经济的概念和方法，从这个意义上讲，我们可以用碳的定数，来制订相应的目标和计划，落地过程中很重要的一个载体就是"碳票"，这么多人，就这么多的物资供应，就要做一个"票"，从群体分解到个体，拿票才能购买相应的东西。我们的地球就是一个村，碳的额度是一个定数，我们的群体就这么多东西，最后，要把"碳票"分解到个人，分解到企业，是切实可行的，也是必需的。

主持人：那碳票用没了到哪里买？

吴乐斌：个人、企业、地区、国家都要有碳票的概念。世界上有个争论，西方说中国是排碳大户，我们在这个时点上的确是全世界的排碳大户，但是从历史视角看，我们累计碳排放量并不是大户，欧美在工业革命中已经排放了大量的碳，我们是发展中国家，你们吃了五个馒头，吃饱了，不让我们吃第一个馒头，没有这个道理。现在全世界范围看，我们有一条"共同但有区别"的原则，面对全世界，全人类这样一个碳减排的约束，对于中国来讲，我们的低碳绿色发展是主动的，这是大国的担当。

在碳面前人人平等。拥有较少碳票的人要向拥有较多的人购买。在深山老林里居住的农民，一生就在村子里活动，排碳很少，但是城市居民排碳就会更多，排碳多就应该想办法去买碳票，来交换排碳少的人的排放权。排碳多的人要做贡献，把多排的碳，想办法买回来。

主持人：这跟蚂蚁森林很像，领取绿色能量，去种树。这样的标准不是国家强制的标准，跟国家标准的关系是什么？

吴乐斌：目的和意义是一样的，但是有区别。之前的标准主要针对国家控排企业，我们的标准面对的是所有企业，在碳面前人人平等，企业不分地域，不分大小。现在我们只是一个建议和推荐，这个标准对企业来讲，至少有三个方面的意义：

第一，现在的社会公民都有低碳减排的意识，我们为企业提供了一个工具，摸清碳家底，知道企业排碳的情况，为企业监测和减排提供了工具；

第二，企业是市场的主体，企业必然要走到低碳发展的轨道上来，进入这个轨道之后，要有一个管理体系，《标准》为企业提供了一个低碳绿色发展的管理体系；

第三，我们这个标准，会帮助企业提升其商誉和信用等级。现在的企业，特别是中国的企业，要严格遵守 ISO 质量管理体系，因为没有这个体系的认证，产品不能出口；另外，生产型企业，还必须通过安全生产体系的审核。

我相信，未来会增加碳评价体系，低碳绿色的体系，通过这个体系认证以后，在市场上就有了一个良好形象，就是一个低碳的企业，有利于企业进行招投标、出口和融资，企业在竞争的维度上就能提高，占领同行竞争的制高点。因此虽然这个标准现在是建议和推荐，未来将成为企业的必选项。

主持人：企业在参与评价之前该怎么做？

吴乐斌：实际上，很多企业已经在积极做了。第一，要有低碳减排的意识。这是未来的必然要求，所有企业都要积极认识这个问题，早准备就主动，晚起步就被动。新奥集团和德龙集团在没有碳评价体系之前就做得很好了。

第二，像联想集团这样的企业，已经自觉主动地做到对供应链进行绿色管理，实现91%的供应商设定了公开的减排目标；83%的供应商对减排数据进行了第三方验证；72%的供应商设定了可再生能源目标，82%的供应商跟踪并报告可再生能源生产和购买情况。联想还一直致力于带动供应商加入科学碳目标倡议并做出承诺，24%的供应商已承诺加入倡议或设置科学碳目标。未来，联想计划实现95%的供应商能够参与科学碳减排活动。

第三，未来低碳要靠绿科技。我早些年发表了一篇文章《迎接绿色发展时代》，在这篇文章中，对绿色发展做了一个定义，所谓"绿色发展"，是用最少的碳排放和对环境的扰动，实现人对物质和精神生活的最大需求。要实现这个目标靠的是绿科技，我们把绿科技总结为4C，第一个是清洁技术，包括清洁能源，清洁材料，清洁工艺等；第二个是计算技术，人类社会文明的进程，也是一个计算科学不断演进的过程，通过数字技术可以推动低碳减排绿色；第三个是大健康技术，包括干细胞技术、合成生物学技术等；第四个是创意技术，今天的电竞游戏，原来的文化产业和科技叠加，满足人们新的生活预期。未来，企业实现低碳减排绿色发展，要用绿科技。

第四，我们国家在推进绿色金融。包括绿色贷款在内的绿色金融助推企业绿色发展。

主持人：企业家对标准的看法是什么？是不是会不接受？

吴乐斌：企业家会有担心和顾虑，但我们发展到今天，我们追求发展，同时兼顾低碳绿色，矛盾是存在的，这个矛盾是不可回避的，也是必须解决的。

第一，过去400年间，由于人类技术创新和制度创新的叠加，人从自然界获取财富的手段大大提高了，但同时也对自然界欠下了债务，人类要还债，绿色发展是人类自觉自愿认识到的，要有科学发展观来指导所有的企业发展，大家必须面对。第二，未来不低碳不绿色，一定会落后。水泥和钢铁等高排放行业中的高排放企业肯定被淘汰。第三，是不是给企业增加负担，我们是做企业的，要讲究效率效益，任何一件事情，必须要做到投入产出比最优，我们推出的标准体系，一定是最优的投入产出比行为，付出一定的时间和资源，获取相应的回报。包括品牌的提升，商誉的提升，等等，要让企业家觉得这是一件值得做的事。

主持人：碳标准，各个国家都在争夺话语权，我们在国际上的位置是什么样的情况，我们希望达成什么效果？

吴乐斌：全世界范围内，我们这样的体系是第一个，我们为全世界企业的绿色发展做出了小小的贡献。欧美社会有一个强烈的绿色意识，低碳减排的意识，而且已经深入人心了，在欧美国家成为价值观当中非常普遍的一个标准，如果将来你的产品和企业不绿色，是不被市场接受的，例如，征收碳边境税，如果产品是高碳的，就不准进口，中国的企业如果能早走一步，在我们的产品上贴上绿标签，贴上5A评级，在世界各地都会更加受到欢迎。

定制标准，在国内是首个跨行业的碳标准，我们是否具备了碳标准的话语权呢？

吴乐斌：我们开始做的时候就遇到了这个问题，谁有资格制定这个标准？我们制定的团体标准，经过了国家标准委授权单位组织评审后批准立项，联合有资质的专业团队进行标准的编制工作。团标是推荐的标准，未来可能会升级为行业标准、国家标准，甚至是国际标准。我们标准已经颁布了，制定标准的单位就有这样的资质对相关标准进行咨询、培训和认证。我们企业绿色发展研究院做了这个准备，我们可以提供咨询、培训、学习交流服务，未来也可以提供认证服务。

主持人：在双碳目标下，对民营企业的挑战是不是更高？

吴乐斌：在市场经济中，对不同所有制企业应当一视同仁，这是市场经济属性的要求。在低碳减碳面前，民营企业和其他类型的企业是没有分别的。大企业和中小企业可能会有区别，因为大企业更容易受到行政指令的约束，中小企业更多的是市场行为。对于企业来说，减碳行为可以提高透明度和信用等级，商誉和品牌，在碳面前，大企业和小企业，谁做的早，谁就有主动权。在碳面前真正做到人人平等，企业之间平等。

（2022年1月18日发表于企业绿色发展研究院微信公众号）

第三辑

演讲

生命科学前沿与生物医药产业展望

各位下午好，非常荣幸有这个机会和大家在这里做一个交流。我今天跟大家汇报的题目是生命科学前沿与生物医药产业展望，这个题目可能更适合我们所在工作的岗位思考。我与王晓良所长讲的有些观点可能很一致，而且有一定的辅助性，那就是关于我国的医药发展体系深有同感。我非常赞同王所长前面说的生物医药创新体系，我们确实到了需要对体系的建设下功夫的时候。我认为在整个科学和技术和产业关系当中，始终应有这样一个国家的体系，就是基础研究、应用研究和产业化。生物学、生物医学和生物医药产业这三者之间构成这样一个完整的有机的整体，就是我想说的生物医药创新体系。

我的汇报主要从以下三个方面谈一下生命科学前沿的概况，并对国内外生物医药研发投入状况进行比较，最后是一点展望。

生命科学前沿概况

生物学就其终极目的来看还是应用科学，最重要的是解决生命过程中的问题，其中很大一部分是用在生物医药方面。一个指标，就是以生物技术研究论文的数量和质量来确定生物学的前沿领域，我们进行了一项统计，我们研究所发表论文最多的就是生物化学，第二个是生物物理学，因为我们所是生物物理研究所，很多人以为我们搞物理，实际上我们是搞生物化学的，用物理学的方法研究生命过程和生命现象。生物科学从论文角度看，最前沿的领域大约有 15 个，其中很多和药物结合在一起。

学术界比较权威的人士经过认真的筛选提出了 21 项值得或可能获得诺贝尔奖的工作，分别是基因剔除技术；细胞凋亡的遗传机理，基因调控的机理，端粒子和端粒酶的发现；钾离子通道的结构；第一个用限制性内切酶片段多态性跟踪人类基因变异；基因组研究；发明测定活细胞内分子的新方法（发明钙染料和绿荧光蛋白 GFP）；发现肿瘤抑制基因，核转移（第一个用成体细胞核成功克隆动物）；发现 MHC（主要组织相容性抗原复合体）结构；细胞内信号转导分子（蛋白激酶和磷酸肌醇）；发现蛋白质降解的生物化学机理，发现调节血管形成的分子；用遗传学方法研究发育，用正电子扫描（PET scan）做活体人影像检测；发现艾滋病毒；发现长期性增强作用（LTP）推动高等动物学习记忆研究；发明重组 DNA 技术开创生物工程时代；发现痛觉的分子机理；RNA 干扰。这些工作有些是以前进行的，有些是最近开始的，很多都正在发挥重要的作用。

生命科学和其他学科有很大的不同，直到今天为止，生命科学中还有很多重大奥秘没有揭开，这在其他学科是不可想象的。原来我们把 DNA 搞清楚了，把氨基酸搞清楚了，20 个氨基酸，RNA 发现了，是那么重大的发现。我前不久还碰到一位做植物的学者，100% 地把植物的基因提纯，所以这个技术是非常值得重视的。

国内外生物医药研发投入状况比较

我们国家生物医药落后在什么地方，我想从研发的投入这个切入点做一点分析，最近这五年时间，我们国家在生物医药里面的研发投入按人民币计算，2004 年全国是 36 个亿。前面王所长提到法国的那家公司，一个公司投入研发大概 30 亿美元，默克是 300 个亿。全国的一个研发投入增长率统计，在 2003 年 SARS 出现以后一下子涨上去，SARS 过去之后一下子又跌下去了，孤立地看，国家在生物医药研发上的投入还是增长的。

从各部门对生物医药研发的投入来看，企业是主角，第二个就是科技部，还有发改委，我们科学院在这上面的投入都很小，我们还注意到，发改委对生物医药投入越来越积极了，他们对这个生物医药的投入比较高，科技部是第二。总体看我们还是政府主导，政府投入占62%，企业占38%。

现在世界的竞争格局，基本上是中国、美国、欧洲、日本。我们发现美国不但投入的绝对值高而且增长速度也快，日本和欧洲旗鼓相当，我们中国相比之下也绝对量不大，增长率也不高。欧洲到现在不知道什么原因掉下来了，而美国一路攀升，我们中国，"非典"来了涨了一个峰，后来又落下来了，所以SARS负面效应带来一个好处就是推进了生物药物的发展。

展　望

我们原来搞基础，现在又做企业，对两边的情况都知道一些，生物医药无非围绕这么几个过程来做的，基因，DNA，RNA和蛋白质。生物医药包括基因药物，在这个地方发现了一个新大陆。作为蛋白质结构的一些小分子，中国科学院药物研究所做得特别好，药物研究所的五味子做得很好，这个工作需要积累。再就是疫苗，今年正好是疫苗诞生的120周年，1885年发现的疫苗。

生物医药产业包括以下几个方面，基因药物也包括RNA的药物、蛋白质，蛋白质本身和以蛋白质为靶点的小分子药物，可能形成一个新的高湖。对于仪器和诊断试剂，也不应被遗忘。我们本部以做诊断试剂为强项，同时还有百奥药业做生化类药，我认为药不仅包括治疗药物还应包括诊断，诊断行业在很多情况下会被遗忘、被忽视，因为它相对来说体格小，仪器也存在问题，包括生物仪器、精密仪器。我们国家很多院士，王大珩等十一个院士写信给中央呼吁，没有精密仪器的发展，我们的科学可能发展不了。所以我深刻地体会到，仪器，包括医疗器械、诊断和治疗仪器的发展应该得到重视。试剂的研发比药来得快，如果生物技术公司是为了挣钱，跟我们合作比跟药厂合作来得快，周期短，相对投入少，见效比较快，对于基因药物，需要一个载体，在很多情况下，目标基因送不进宿主，有时候送去以后也不表达，我们找到一个很好的基因载体，非常高效地进入宿主，而且非常高效地进行表达，这是一个很好的运输工具，所以我们起名叫基因导弹。

刚才讲了蛋白质的概念，蛋白质组在人类基因组测试计划完成以后，生物学进入后基因组时代，后基因组时代的主角就转移到蛋白质身上，因此我们所也非常明确地提出来，我们生物研究所要成为我们国家蛋白质科学的研究基地，而且在国家一系列的政策和计划的支持下我们也正在成为这么一个基地，我想这就是蛋白质组的基本意义。打个比方，最初的发现就像 26 个字母一样，不代表任何含义，基因组出来以后是一个句子，蛋白质组就是散文和小说了，而且连带着它的思想和产权也产生了，那么在这之前全世界共用，这之后有个产权的问题，希望国家能给予大力支持，我们生物物理所正是希望在这之后，来发挥出更重要的作用。在这个之前为世界做贡献，在这个之后为中国人民做贡献。

2003 年，全世界 SARS 出现以后，有一种说法，中国是受 SARS 肆虐最严重的，但中国的科研是落后的。因此我们科学家要为国争光，我们所长的团队，第一个解析出 SARS 病毒中最重要的一个蛋白质的结构。现在 SARS 这个病毒的结构，全世界一共解析出了 5 个，其中有 4 个是我们所长的这个团队解析出来的。天然的小分子药物的研究和蛋白质关系非常密切，就像钥匙和锁一样，小分子相当于一把钥匙，蛋白质就相当于一把锁，这个钥匙和锁需要配好，现在是钥匙和锁离得比较远，影响了新药研发的速度，我们所解析蛋白质结构，在全世界还是有一定的竞争能力，美国和欧洲就有公司委托我们给他们解析蛋白结构。他们花钱让我们解析结构，我们替人家干活，说明我们的工作得到了国际的认可。新药研发体系当中结构解析的力量远远没有被用上，比如说现在我们大概解析了200多个蛋白的结构，这200多个蛋白结构绝大多数和健康有关系，至今基本上没有人找上门来说干什么用，我非常赞同王所长的意见，中国的企业现在大部分情况下对这个问题既没有认识到，可能经济实力上也不具备，就像小孩子还没有发育成熟，你跟他说谈恋爱的事，他可能找不着感觉。

利用蛋白质结构和小分子药物研究结合起来，找到新的药物，这是典型的表现，就是给锁找到钥匙，特别是我们国家几千年的文明传续中医中药这么好的积累，现在如果不用十年以后肯定会变成别人的。

前面讲到的肿瘤早期血管内皮细胞上面的一个分子，它的抗体被我们纯化以后再打回去，形成非常好的效果。这个成果出来以后，我相信在座的企业不会有一个人知道，但是国外的企业上门的却非常多，最后日本的企业用50万美元和我们签订了一个合同，这个合同不排除我们自己使用。还有对肝癌阻断的情况等。

对于新药研发的体系，我非常赞同王所长的观点，同时我讲一点自己的观点和感觉。新药研发体系，就像我们生命科学研究所的生命科学和基础研究，这个基础研究像天上积聚的云，有了云才可能会下雨，下了雨以后才可能有地表水，地表水蒸发回去，形成大气圈的循环。这就是生物科学、生命产业、生命医药创新体系。我们这片云就找不到地，这个地表水好像也不大。现在看来，我们国家的新药的研发力量一是弱，二是散，缺乏整体的体系的构建。

最近罗氏公司跟我谈，选择六个单位，最后在北京就选择我们，积极性非常高涨，非常相信我们。实际上我说这个话的意思，就是我们研究所的力量可能和外国大公司连上，但是跟中国的企业就是找不到感觉。我们的一些企业把研究所当成银行。钱放在里面，一定的时间内一定要增值，增值不了怎么办？你把钱还给我，这样的人不少。还有一类人做概念的，一年给你几十万，签订协议后，做不做没关系，只要把协议签下来就行，可以去炒作。还有一类人到这逛好几圈，最后不了了之。美国的企业让我们做结构，实实在在把美元就拿来了，罗氏的公司追在我们后面签协议，暂时他积极，我还没有那么积极，就是再等一等看一看。

不管怎么说美国的作为值得我们借鉴，我体会他的意思，顶天立地，他顶着技术研究这片天，它的国家占着需求这片地，从人类健康的需求出发，从基础的研究做起，我们是技术型研究所，至少是过去，打个比方，钢枪擦得很亮，就是不知道打哪个地方，我们的企业没有这个需求，目前我们企业的竞争还没有到这个点上来，他可能更多的是市场运作手段上，广告上或者是某些操作上在拼合较劲。新药的研发不仅是企业的事，也不仅仅是研究院所的事，应该是大家的事，政府的事，全社会的事。同样美国构件的体系，我想 NH 给我们最大的启发，就是从最大的需求出发，从最基础的问题入手，形成这么一个体系。

在我们国家，资源散落在各个地方。我们中国科学院在北郊地区，马上建成生命科学院。中国科学院的六个生物口的研究所都在这个地方，投资巨大，我们的实力和设施应该是一流里面的中流，和日本的东京大学是旗鼓相当，和哈佛比略差一些。这就是我们将来新药研发非常重要的一个基地，按照我前面的比方说这个基地就是头顶上那片云彩。

我们所从 80 年代开始，创办了自己的两个企业，一个是中生北控，一个是百奥药业，我们是整合了社会的资源，把我们的产品往里装了装，我们自己定位就是以蛋白质为原料的产品，是国内市场上占同类产品的最大市场。百奥药业的产品，就是蚓激酶做得最好。诊断试剂，是以酶或以蛋白质为原料的产品，蛋白质产业这个概念不仅是药也包括试剂等其他产品。

我们所的实践结果表明，满园春色关不住，技术上做好了，必然就要向产业上转移。谢谢大家！

（刊发于《中国北京国际医药交易会暨医院与医药企业峰会（中国医药论坛）论文集》，2010 年 7 月 28 日第一版）

科技"一带一路"的商机

——在第八届国际资本峰会上的主旨演讲记录

11月29日下午，国科控股主办的第八届国际资本峰会暨中国科学院"联动创新"系列论坛——"'一带一路'上的能源合作伙伴关系"在京举行。

此次论坛旨在贯彻落实党中央推进"一带一路"建设的相关要求，扩大"一带一路"相关国家企业间的合作交流，实现互利互惠。

与会嘉宾以主旨演讲和圆桌会议的形式讨论了亚洲与欧盟的新利益和新机遇。来自欧力士集团、联想集团、吉利控股集团、中美绿色基金、中美清洁能源论坛、国新央企运营投资基金、东方科仪控股集团、上海碧科清洁能源技术有限公司、翼迪投资等企业高层的150多名代表围绕"科技'一带一路'的商机""新时代、新机遇、新协作""跨境能源投资背景下的技术与商业模式创新""亚欧企业携手绿色发展""甲醇产业链与'一带一路'"等热点话题展开了讨论。国内外40余家媒体的记者参与报道了此次论坛。

吴乐斌在会上作题为"科技'一带一路'的商机"主旨演讲。吴乐斌说，"一带一路"建设是我国扩大对外开放的重大战略举措，国际能源合作是其中一项重要内容。今年7月，在国科控股的倡导下，旗下企业东方科仪控股牵头成立了中国科学院"一带一路"产业联盟，面向"一带一路"沿线国家重大科技发展及民生需求，将中科院的成熟技术、产品和服务，输送到"一带一路"沿线国家，为"一带一路"沿线国家的经济发展服务，实现科技资源共享、经济利益共赢。

目前，"一带一路"能源合作以传统能源为主。吴乐斌介绍，以绿色甲醇为代表的"液态阳光"是最具潜力的新型能量载体之一和重要化工原料，可以替代煤炭、石油和天然气等化石能源，建立新型高效、经济环保的能源系统，带动相关技术、产业国际贸易发展，催生和引发新的经济形态，形成"液态阳光经济"。中科院作为"液态阳光"理念的践行者和引领者，在发展甲醇经济的技术创新、产业布局和资本助推等方面正在积极地探索与布局。在甲醇产业链的上游，国科控股通过旗下企业上海碧科及其子公司美国西北创新工场，将在美国西海岸建设全球最大规模、最低成本、最清洁的天然气制甲醇生产厂。在甲醇产业链的下游，国科控股将利用中科院自主甲醇制烯烃、制芳烃等技术，将甲醇生产转化为烯烃、芳烃等产品。目前，国科控股旗下企业联泓新材料运用甲醇制烯烃技术生产出的高端材料和精细化学品，广泛应用于建筑、日化、纺织、金属加工、光伏、涂料等行业，并已达到国际高端进口产品水平。与此同时，国科控股将积极推动甲醇作为清洁能源在动力燃料和热力燃料方面的运用。

在国际能源合作方面，国科控股将与中美绿色基金等国际知名投资机构及产业资本合作，共同发起成立产业发展基金，通过创新的技术成果与产业资本的对接，推动甲醇经济建设涉及重大技术开发、产业化项目建设、基地建设等的实施。

吴乐斌指出，"一带一路"当前布局重点在基础设施建设、贸易、产业和金融合作，科技合作尚有很大发展空间。国科控股将从战略咨询、科技合作和科技成果转移转化等方面进一步加强合作，重点布局和推介新能源技术、普惠医疗、先进计算技术、小卫星及导航应用、智能制造及机器人技术、新型特种精细化学品技术、先进光电晶体材料高端装备技术等多个领域。

"科学没有国界，技术可以跨境，我们正在筹建绿色发展国际实验室，实现欧美国家前沿技术与中国成长中的市场需求的对接，实现互利共赢。"吴乐斌说，同时，国科控股正在酝酿推动建立一只绿色发展母基金，助推全球范围内的绿色经济和金融服务领域发展，以实际行动落实党的十九大决策部署。

（2017 年 11 月 30 日发表于中国日报网）

正确对待选择

——在南昌大学的演讲

尊敬的周校长，各位来宾，同学们：

今天是喜庆的日子，同学们毕业典礼，又是中国共产党建党 89 周年的纪念日。作为校友，能够参加今天同学们的毕业典礼并作发言，深感高兴和荣幸！

大学毕业，于我而言是 27 年前的事了。27 年前，我从江西医学院，也就是现在的南昌大学医学院毕业，分配到资溪县医院工作两年，后来考研究生到中国科学院研究生院，毕业后留在中国科学院工作，现在负责中国科学院控股的在香港上市公司的工作。27 年过去了，不敢说有什么成就，但在同学们面前，我的年龄比各位虚长不少，可以师兄自居。西方有一句名言，如果人重新再活一遍，上帝就要哭了。要上帝哭是不可能的，人重新活一遍更是不可能的，但前人的经验教训是值得借鉴的。因此，我作为过来人，在此谈几点体会，希望对同学们的成长有所帮助，如果有一二句有用，我就算完成周校长交给我的任务了。

我的发言，如果要有一个题目，那就是正确对待选择。围绕正确对待选择谈三点：

第一，正确认识选择。上帝造人时就设计好了，说，人的生和死由他管，生和死之间由人自己管。人，从生的起点到死的终点，就是人生。人，生不由己。如果可由自己选择，我们都是高干子弟了，都是富家子弟了，但我们多数是平民子弟。像我，生在贫下中农家里，只有自我奋斗。人，死不由己。如果可以选择不死，秦皇汉武，早就长生不老了，康熙至少也活过五百岁了。但是，从生的起点到死的终点的全过程，无时无刻无处不在进行选择，可以说，人生由选择组成，选择组成了人生。比如，现在同学们在听我讲话，有些同学选择了听，有些选择了开小差，有些可能在做小动作，等等。这些选择不重要，但有些选择，很重要。生物学有一个经典的实验，让一头驴又饥又渴，在它方向相反但等距离的两端放置水和草，结果呢，这头驴死了。是怎么死的？饥渴而死。因为，它徘徊在水和草的中间，不知道先选什么而又饥渴又劳累而死。我们在选择面前，千万不可步蠢驴的后尘！

第二，正确把握选择。我们大学生研究生，是考试的常胜将军，但我要在这里问同学们，在考试的时候，我们是选择作弊而得高分还是选择宁得低分也不作弊？请能坚持从不作弊的同学举手！让我们以热烈的掌声对这些坚持诚信的同学表示敬意！因为，他们可能失去了高分但得到了诚信的品格！我们现在就要走出校门了，要步入社会这所没有教科书的大学了。我们面临许多重要而紧迫的选择：择业，拜师，交友，成家，等等。择业，在我研究生毕业时，有"四色"说，红色，就是选择仕途，当官，当公务员。现在，公务员考试的录取比率已经在1%或更低，竞争甚为激烈。当官难，当大官更难，当好的大官难上加难。可以说，官道难，难于蜀道，蜀道难难于上青天！如果有师弟或师妹当了官，我希望你们做一名"情为民所系，权为民所用"的好官！黄色，代表经商，做企业，做我的同行。我要告诉各位，中国，外国，近代当代的历史表明，企业亡，则天下亡，企业兴，则天下兴。在我国现阶段，能有这样观点的人太少了，我没做企业时也没有这样的观点。现在，社会看企业家，不知道企业家也在为人民服务，只知道他们在为人民币服务。这是不公平的。黑色，就是选择做学问。这是高尚的选择。我在大学时，我和同班同学饶毅，他现在是北京大学生命学院院长，在教科书上画了一幅地图，从江西医学院出发到斯德哥尔摩领取诺贝尔奖。我们那时梦寐以求的是获诺贝尔奖。多年以后，我到了斯德哥尔摩，到诺贝尔奖颁奖大厅，细细品味了一番。后来，我问饶毅，您离诺贝尔奖多远？他说，是否能获诺贝尔奖不重要，重要的是为科学和社会发展做出贡献。我自己呢，我很清楚，要拿诺贝尔奖是下辈子的事了。所以，同学们，当您雄心壮志要做科学的时候，要注意，如果您爱科学，而科学不爱您，您应该怎么办。蓝色，就是出国。我研究生毕业时，出国成潮，考托福、GRE要背铺盖排队。我后来也终于出国了，我揣着两本护照，可以滞留不归是没问题的。但经过仔细观察和思考，发现我如果能够重新投胎的话，可能会选美国或欧美，但作为中国人，我的选择只有一个，那就是回国，因为我的事业在中国！以上"四色"选择，没有一个是容易的，对大家是不是打击太大了？不是，我在这里只是告诫同学们，我们做选择时，要做最好的努力，但做最坏的准备，只有知难而上才是真正的英雄好汉！

择业后要拜师。在学校有老师，参加工作后更需要有老师。我自己很庆幸，做科研管理工作后，在我国科学界大家周光召副委员长身边工作，有师长的指点。在做企业管理工作后，又有联想的柳传志老总这样的良师益友。在社会上要善于交友。我们现在已经处在一个合作的时代，个人单枪匹马难以成事，做事需要团队。我在中国科学院青年联合会上一次发言中说了一句话，被朋友们戏称为吴氏语录，在这里和同学们分享。这句话就是，一个人的能力再大，发展都会进入平台期，是否能够突破成长的平台，就是看他是否能在关键的时候关键的地方结识关键的人。成家，就是要寻找自己人生中的另一半，我看同学们都是这方面的积极实践者，我就不班门弄斧了。

第三，坚守选择。选择大于努力，但选择了不坚守，又要努力选择。浅尝辄止，半途而废是成功的大忌。

同学们，最后，在这里我要祝贺你们！你们已经做出了正确的选择，因为，你们在上大学时选择了南昌大学，成了南昌大学的毕业生！在这里我要衷心而深情地祝愿你们，祝愿你们作出正确的选择，从南昌大学的校门走向全国，走向全球，走向成功和幸福的人生！

（2010 年作者在母校南昌大学的演讲）

五个中心＋两个基地，构建全球防控体系

——在2020中国绿公司年会上的主旨演讲

突如其来的全球公共卫生事件，全球政治、经济格局可能因此发生变革，对产业的影响也十分深远。肆虐全球的新冠肺炎疫情犹如上帝和人类进行的一场冰球比赛，每个企业和个人都必须思考如何赢，面对常态化防控，如何建立完善的防控体系？

我认为应以"五个中心，两个基地"为重点进行疫情防控体系建设。

"五个中心"主要针对医疗行业，包括区域临床检验中心，区域疫情检疫中心，国家、省、市三级体外诊断质量管理中心，体外诊断大数据中心，"5G＋"云检验中心。

"两个基地"主要指公共卫生与生物安全研究基地，国家疫情防控和生物安全战略物资生产供应基地。

以"5＋2"的形式，构建立体化防控体系，覆盖全国甚至全球，实现全网监测、及时预警、防控物资有效调控，提前预测到"冰球"走向，打赢这场硬仗！

中科院科技成果转化母基金始终重视科技抗疫、医疗健康等民生问题，在疫情暴发初期组织"防治新冠肺炎疫情的临床需求及创新方案征集活动"，收集到来自防控一线的112个临床需求，筛选出可对接企业或研究所的需求方案31个，激发出若干防疫创新产品。

未来中科院母基金也将继续发挥表率作用，呼吁和引导更多科研、

产业、金融等多方力量助力医疗科技自主创新和科研成果转化，联合旗下子基金努力搭建临床创新与医疗成果转化的桥梁，更好地促进临床医疗技术革新，以科技战斗力保障人民健康安全。打通成果转化"最后一公里"，使得科技创新成为冲破困局、走出高质量发展之路的"秘钥"。

（2020年9月30日作者在2020（第13届）中国绿公司年会（海南海口）"全球公共卫生事件对产业的影响"上的主题演讲）

打通创新价值链的最后一公里

——在 2020 中国母基金 50 人论坛上的演讲

今天我想向大家分享的主题是，打通创新价值链的最后一公里。

为什么叫创新价值链的最后一公里？业界有一个说法叫"死亡之谷"，这是时任美国众议院科学委员会副委员长 Ehlers 在 1998 年首次提出的，指的是科学研究与商业化产品开发之间严重脱节的部分，在这个环节，科研资金供应不上，市场化资金还未介入，大部分的科研成果都是"死"在这个地方。

我们日常生活当中也可以看到这样一些现象，用一个通俗的话说，高速公路直又宽，快慢要看收费站。科技成果不转化，科研经费全白花。我编了一个顺口溜描述这一现象：科研院所有道门，市场企业有道门，科研工作好再好，成果难过两道门，院所无力送出门，企业不知迎进门，两相有情难成婚，问题出在门对门。科研院在科研成果产生之后，没有钱送出门，企业非常想要却找不到自己的门里，就是创新价值链最后一公里所在的地方。

下面我们来探讨关于科技成果转化的若干问题，第一是成果转化的要素，第二是成果转化的体系，第三是成果转化的模式。

科技成果转化的要素

第一讲要素，这个要素从内因来看是三件事，就是人、财、物（成果）。

首先看成果，实际上到今天为止，我们很多人搞不清什么是可转化的科技成果。

一个可转化的科技成果，必须具备以下四个要素：1. 明确的市场定位。即科技成果解决什么市场的问题，无非是四个字，"新精特廉"，即新颖、特色、质量好、价格低。这四个问题不解决、不回答，就不是好的科技成果。2. 原理或方法基本符合已有的科学原理。有些科研成果很新，新到现有的科学无法接受，比如说水变油的问题，还有以前很长时间有一些夸大的特异功能，这都是没法成为可转化的成果的。可转化的成果需要基本原理保持继承性和创新性相统一，不能夸大。3. 成果、科学技术必须可重复。科研成果无限好，但别人重复不了是不行的。"必须有可量化的指标且可重复"指两方面：一是别人可以重复，二是自己在确定条件下可重复。4. 行业准入的资质。比如很多科学研究只顾自己发现，但是不能跨入行业的"门槛"，比如说器械、化妆品都要有相应的资质作为行业准入。

如果以上四个要素不具备，这个成果是不可转化的，或者这个成果是残缺不全的。下面讲"财"。有四种钱，政府经费（科研经费），企业投资，还有很重要的银行贷款，以及保险或担保。在美国这个高度市场化的国家，有两个很重要的结构性设计，推动了成果转化：SBIC 和 SBIR。

SBIC 是小企业投资公司，政府通过这一计划将私人资本引入科技创新领域的初创企业，相当于"聘礼"。SBIR 是小企业创新研究计划，用科研经费把成果送出门，实际上这就是"嫁妆"。没有"嫁妆"、没有"聘礼"，"小姑娘"出不了门，我国的科研机构设置当中恰恰缺失这两部分的钱。

"人"的部分，任何一个科研成果转化，少不了这三种人——科学家或者科技人员、企业家或者企业经营人员、投资家或者投资界的专业人士。科学家热衷于创新，企业家专注于成事，投资家着眼于赚钱，这三者怎么在一个点上发力，是我们成果转化需要思考的问题。科技成果转化这三大要素聚齐，则水到渠成。

科技成果转化的体系

接下来讲体系。从 IP 到 IPO，从知识的海洋到资本的海洋之间至少需要九大平台。

1. 投资平台：战略直投 + 基金投资。

中国科学院科技成果转化基金就是投资平台中一个重要的组成部分，以"助力科技创新、实现资本增值"为使命，科创引领、资本赋能、产业发展，充分发挥市场机制与价值规律的作用，依托中国科学院科技创新优势，集聚和整合优质社会资源，打造母子基金体系，专注于科技成果转化与科技企业的投资，致力于成为具有国内乃至国际影响力的科技成果转化暨早中期科技企业的基金投资公司。

2. 科技保险：科技保险到今天来看做得最好的是以色列，我之前到以色列参观考察学习，陪同的当地合作伙伴是以色列第十一代做保险的专业人士。十一代人的长时间积累，足以使得科技保险做得非常专业和细分。而我们国内行业缺少这种长时间的积累。

3. 科技银行：大家都知道，美国的 SVB 在硅谷的创新活力当中发挥了重要的作用，我国今天亟须这样的银行。我们多次向 SVB 请教，他们在投贷联动之外还有很重要的服务——投贷服务，这个服务是一个非常精细的活，要量身定做、贴身服务，所以只有钱是不够的。

4. 直接融资的平台：国内的 IPO 资本市场不断发展和精进，尤其蓬勃发展的科创板在很多方面实现了突破。我在很多地方为科创板欢呼，科创板的出现对于科技企业的融资发挥了巨大的作用。

5. 两链嫁接：按"企业主导、有限目标、集中资源、重点突破"的基本思路，形成创新链与产业链有效嫁接，形成科技产业创新集群。

6. 双创平台：或者说是科创的服务平台，希望打造成"IP超市"，能够在这个地方形成一条龙服务。

7. 人才的平台：科创根本就在于人，怎么来激励这样的人？怎么能够培训这样的人？所以我想打造这样一个平台，可以在创业过程当中给予全面专业的培训，因此成立了联想学院，办下来非常有效果。目前中科院科技成果转化母基金也在做科技成果转化专项培训，希望进一步培育科技成果转化力量，打造完善的科技成果转化生态系统。

8. 产业智库：做科技成果转化，我们需要知道行业方位在哪，行业赛道在哪，所以我曾在不同的地方设办了办公室，及时获取最新商机和新技术动态，对全球行业发展有所掌握。

9. 知识产权的平台：中国科学院每一年产生的发明专利一万多项，每一个研究所都有很厚的本子，记录知识产权、工业产权，可是可转化的成果怎么转化出去？我们如何形成可转化的专利？到今天为止，我们仍有不少单位重视数量没有重视质量，重视申请没有重视运营。应当采取措施改变这一状况。

科技成果转化的模式

《中华人民共和国促进科技成果转化法》约定了科技成果转化的六种方式。实践过程当中前面四种是经常见到的。如果画一个坐标系，以科技成果转化的技术成熟程度和市场的成熟程度，这两个坐标轴画出四个象限，六大方式基本上落在前面三个象限当中。

这六大方式包括：自行投资实施转化（spin off）、科技成果转让、科技成果许可、合作开发、作价投资、其他协商确定的方式。

下面我介绍一下中国科学院探索科技成果转化和产业化的大概的过程，从20世纪80年代直到今天，中科院科技成果探索之路坚定且卓有成效。其中很突出的标志就是 2002 年成立了国科控股，走上科技成果产业化、法治化的道路。我任国科控股董事长期间，提出联动创新发展战略。"三链联动"即创新链、产业链、资本链。中国科学院 105 个所，3 所国内一流大学，每一年产生的论文和专利是世界上首屈一指的。其中论文（国际上收录的 SCI 论文）数量超过哈佛，每年获得的发明专利超过一万项，可谓是国际上最大的科研实体。9 月份，时任中科院院长的白春礼院长曾在媒体上说要把"卡脖子"的清单变成我们科研的清单，这就是我们的创新链，我们所依托依靠的宝库。

第二个就是产业链，中国科学院到今天为止拥有 900 多家公司、40多家上市公司，基本覆盖国家战略性新兴产业十大领域。

第三个就是资本链，国科控股从 2002 年开始做 LP，投资了 IDG、红杉、鼎晖等。在我任董事长期间，国科控股从做 LP 转化为成立两个母基金管理公司：即中科院资本管理联动创新母基金，中科院创投管理中科院科技成果转化母基金。我退出国科控股以后，到中科院科技成果转化母基金坐镇挂帅，聚焦在硬科技、绿科技成果转化。

创新驱动发展战略是国策，事关国家强盛、民族复兴。科技成果转化是创新驱动发展战略的重要甚至是关键组成部分。中国科学院是国家的战略科技力量，作为中国科学院科技成果转化基金，我们有信心、有责任、有能力为破解科技成果转化难题作出应有的贡献，不忘初心、牢记使命、奋力前行，谢谢各位！

（作者于 2020 年 12 月 19 日在"2020 中国母基金 50 人论坛"上的主题演讲）

第五个苹果在哪里

——在创变学院成立仪式上的演讲

今天，有幸在此同各位创业的青年才俊交流。你们是一群特殊的青年人，你们伴着中国经济飞速发展来到这个世界，今天你们又怀揣着创业的雄心和大爱来回报这个世界。我以与你们同行为荣。因此，我今天给你们带来"人类的五个苹果"作为见面礼与大家共享。

第一个苹果：好奇心

《圣经》上说，上帝用了6天的时间创造了天地万物，第六天创造了人——亚当和夏娃，一切都很美好。亚当和夏娃生活在伊甸园里，上帝对亚当和夏娃说："你们吃什么都可以，但就是不能吃伊甸园中间苹果树上的苹果，那是禁果。如果你们吃了禁果，你们就能辨别善恶，就会死。"后来，夏娃受蛇的哄诱，偷食了禁果，并也让亚当食用。两人被上帝赶出了伊甸园。从此，人必须满脸流汗才能糊得住口，只有勤劳才能求生，而且有生有死。

这是人类的第一个苹果——好奇心。好奇心是什么？是人类求知的本能，是人类原装的智慧，是科学的原动力。人类有了好奇心，在好奇心的驱使下从此走上了科学崎岖的"不回路"，不论前面是刀山火海还是万丈悬崖。

第二个苹果：数学（计算）与科学结合

1642 年的 12 月 25 日（儒略历），这一天，一个伟大的科学家诞生在英国的林肯郡。他的名字叫牛顿。1665 年的秋天，牛顿为了躲避瘟疫从剑桥回到了他的乡村庄园。一天，他看到苹果掉到地上，苹果为什么掉到地上而不是去其他的地方？这个问题让他陷入沉思。

20 多年后，1687 年，他把他的思想和研究所得写成《自然哲学的数学原理》。《原理》阐述了力学三大定律和万有引力定律。杨振宁先生指出，这本书的出版，代表着一个时代的开始，代表着近代科学的诞生。为什么这么说？因为从此之后数学（或计算）进入自然科学的各个学科，各个学科由此而迭代更新。有了近代科学，才有了此后的工业革命。

第三个苹果：计算和机器结合

1954 年 6 月 7 日，一个伟大的生命以一种特殊的方式结束了——图灵，在自己的卧室里咬了一口蘸了氰化钾的苹果而自杀了。图灵的一生，最伟大的贡献是把计算和机器联系到一起，发明了图灵机。

第四个苹果：计算无所不在、无时不在

1976 年 4 月 1 日，乔布斯为他的苹果公司签署了发起人协议。据称，乔布斯当时为公司取名"苹果"的原因是他和同事在商量公司名称时正好在从机场回公司的路上路过苹果农场，现在被咬了一口的苹果标识，是在向图灵致敬。乔布斯的伟大贡献在于他开启了一个时代，计算无所不在、无时不在的时代。

第五个苹果：……

第五个苹果在哪里？

人类文明进程的脉络从古希腊人√2 计算到牛顿《自然哲学的数学原理》，再到图灵把计算与机器联系起来，香农把计算和信息联系起来。我认为下一个里程碑是计算与生命联系起来，特别是与认知联系起来，计算解析生命，计算干预生命，计算创造生命。

当然我也不确定这是否是标准答案，未来的答案在哪里？就在你们年轻人的手里。

（作者于 2021 年 4 月 9 日在"未来科技产投家论坛暨创变未来学院成立仪式"（北京）上的主题演讲）

迎接绿色发展时代

——在第二届中国资产管理武夷峰会上的演讲

尊敬的刘主席，尊敬的各位领导，各位嘉宾，非常高兴和荣幸收到主办方的邀请，能参加今天这样的峰会。我今天是在广州参加完亚洲科学理事会大会赶来的，但还是最后一个赶到，是不是寓意着实现"双碳"目标最后还得靠科技实现。利用今天这个机会向大家汇报三个观点。

第一个观点，从历史的观点看，我们人类经历了前面三次产业革命，第一次机械革命，第二次电力革命，第三次信息革命，解放了人的体力，到后面也解放了人的感知。那么，现在有争议是不是第四次产业革命来了？我个人的观点是第四次产业革命确实来了。如果一定要找一个概念或者定义，那么我认为是绿色发展。

什么是绿色发展？做自然科学都喜欢有一个定义、概念，尽可能做得精准、定量。我的理解是，以最少的碳排放和环境污染实现人类对于精神和物质生活需求的最大满足。那么正好今天这个主题，就是"双碳"，碳的排放和环境的污染，把它降到最低的限度，实现人对物质生活和精神生活的最大满足。前面很多专家都提到碳与地球和人类生活密切相关，对中国来讲，中国的经济社会发展正面临着"一芯一碳"的挑战。"一芯"就是芯片，"一碳"将会长期影响且决定社会经济发展的形态。前面专家提到了，碳对人的生活，对地球的影响不可小视，温度再往上升很多城市就没了，再往上升飞机也坐不了了，意味着人类的家园会遭到彻底的毁灭。现在的科学需要解决很多这样的问题，我想就需要绿色发展的概念。

今天正在兴起的各个领域的科技，我想把它定义为"绿科技"，所以第二个观点，绿色发展靠什么？靠绿科技。什么是绿科技？英文里面可以找到这四个词，我表述为四个"C"。

第一个"C"是 Clean Technology，清洁技术，在清洁技术当中首先就是清洁能源，还有绿色材料，绿色工艺。我们中国科学院成立了绿色过程制造创新研究院，也就是说从能源到材料到工艺方方面面都有绿色。美国劳工部曾于 2011 年出台《绿色技术和实践调研》即 GTP（Green Technologies and Practices），成为一个衡量各个地区、各个行业绿色程度定量指标的体系。所以我想第一个"C"是清洁技术。

第二个"C"是 Computing Technology，计算科技，或者也可以理解为数字科技。我知道福建省是数字中国的先行者。这个计算，它和人类的文明进程紧密地相伴相行。我在前不久一个新成立的组织——创变未来学院的开学典礼上有一个演讲，很多媒体转载，就说人类第五个苹果在哪里？第一个是亚当、夏娃的苹果，第二个是牛顿的苹果，第三个是图灵的苹果，第四个是乔布斯的苹果，第五个苹果我猜想是计算和生命。因为牛顿是用计算颠覆了当时的科学，形成了近代科学的革命，计算进入自然科学的各个领域，杨振宁先生认为这是近代科学的诞生。图灵把机器和计算联系在一起，产生了今天的计算机科学。乔布斯让手机实现了无时不在的计算。再往后这个是我的猜想，计算和生命联系起来，计算生命和生命计算。

大家知道，我们今天实现的很多生活和工作、生产方式的转变，依靠的是计算，比如我们今天有线上线下的会，线上的会就是以数字科技作为底层科技。所以我想第二个"C"是计算科技。

第三个"C"是 Health Care，生物医药和生物医学。为什么这样说？人类社会到今天来看，科学技术使我们自己认识到解决人健康问题的根本出路还在人自己。以前我们治疗疾病的药物从中药、草药发展到化学药、中药、草药对自然环境有着高度的依赖，而化学药对环境是有污染的，后来发现解决人健康问题的宝库在哪里？在于人自己。1998 年 RNAi 技术被发现，2009 年基因编辑技术被发现，未来解决人健康问题的出路是生物医药和生物技术。

第四个"C"是 Creative Technology，创意产业。今天我们看到很多技术应用在各类场景，使得人不需要去走那么远、消耗那么多的碳就能实现。比如，电竞技术同 VR、AR 结合起来，实现各种场景的变换和再创造。

那么，四个"C"的科技就是绿色发展时代的底层支撑。由四个"C"构成的绿科技直接着眼于绿色发展和能源利用，是分别在 2030 年、2060 年实现"双碳"目标的重要支撑。

在我的 PPT 当中特别提到了新能源。中国科学院成立了一个研究组，时任中科院院长白春礼担任组长，本人荣幸地担任执行组的组长，主要进行液态阳光的研究和发展建议，这个就是新能源方向的一个新的方案。在液态阳光发展报告里面，提到未来的清洁能源是绿色甲醇。甲醇分为五代，第一代是煤制，第二代是气制，第三代是煤、气清洁制，第四代是生物制，第五代是用空气中的二氧化碳制，那就是说不但不排二氧化碳，而且从空气中捕捉二氧化碳回来做成甲醇，中国科学院有好几个研究组已经做到年产 30 万吨左右的产能，那个时候我们空气中的二氧化碳不怕多，因为我们能够抓回来做成甲醇，甲醇作为可清洁能源具有独特的优势。今天时间有限，我就不展开了，但是可以断言，未来的绿色甲醇将是非常非常重要的，而且我认为 ESG 投资将实现社会价值和经济价值双赢。

第三个观点，我们怎么能抓住这样的机遇？绿色发展或者实现"双碳"的目标怎么能够做到？实现绿色发展需要狠抓行业试点、区域试点、绿色金融、绿色科技、国际合作，尤其在如今全球新一轮科技革命和产业变革中，发展绿色科技和绿色金融，带领绿色发展全球化格局，将是中国新时代的机遇和使命。

绿色科技和绿色金融的结合是解决"双碳"目标的很好方案。希望科技界联合金融界实现创新链、产业链、资本链三链联动，共同携手，为中国的绿色发展，为中国 2060 目标的实现做出我们积极的贡献。

（发表于 2001 年 2 月《江西医学院学报》）

面向健康需求的科技成果转化

——在 4P 联动创新论坛医疗健康科技成果推介会上的演讲

尊敬的孙命局长、尊敬的克雄书记、许航所长，首先感谢你们在百忙之中推掉其他的工作，尤其是孙命局长在别的活动临时受邀过来参加，尽管来晚了，但是她是临时接到这个任务从别的地方赶过来，所以特别感谢你们对中科院成果转化基金，对中科院创投和对我本人工作的大力支持和大力帮助！各位领导的讲话，前面告一段落，从我这儿开始是汇报，这是今天的主题，面向人民健康需求，加快科技成果转化，下面是我的想法，向大家汇报一下。

习近平总书记说完善国民健康政策，为人民群众提供全方位、全周期的健康服务，把以治病为中心，转变为以人民健康为中心。我想我接下来的汇报，以习近平总书记的讲话为指引，谈一些体会和思考。主要是三个方面，首先是健康产业的现状和趋势，其次是前沿的健康科技，最后是讲讲怎么加快科技成果转化，特别是以基金的方式加快成果转化，一些实践和思考。

今天在座的很多是来自新里程集团的一线的领导，很多大医院的院长都在这儿，所以在各位面前谈健康产业现状和趋势，希望大家多批评和指正。首先讲这个概念，健康产业的概念有狭义和广义，狭义的很长时间以来认为是以治疗展开的，那么广义是以健康形成的产品和产业，那么它具有两大属性，一方面是公益的特点，另一方面是商业的特点。细分来看，第一是医疗，这就是传统的医疗产业，传统讲健康产业就是医疗产业；第二是医疗产业，医疗是服务，医药是产品；第三是保健品产业，这不仅仅是保健食品，现在还有很多维护健康的产品，我昨天接触一个合作伙伴做的产品，比如如何保护腰；第四是健康管理产业，第五是健康服务产业。

那么以这五个方面构成方方面面，我们国家党中央和国务院形成一系列重要的指导性文件，2013 年 9 月份关于促进健康服务业发展的意见，一直到最近促进健康产业高质量发展的行动纲要，一系列的重要文件都是行业发展的重要指引。中国健康产业的发展，看得出来有几个重要的特点，一个是需求很大，这是一个巨大的市场，大家知道在美国健康支出占 GDP 的 17% 左右，在中国还有巨大的空间，特别是中国 14 亿人口巨大的市场，5 亿慢性疾病人群，3 亿多老年人，随着步入老年社会的人越来越多，所以有 10 万亿元资本的这样一个大市场等待着我们。到 2030 年左右，那个时候应该按照 GDP 的比值估算，估计是 16 万亿元左右。发展潜力巨大，人口，刚才虽然说我们的生育率在下降，但是随着老年社会的到来，老年人不断增加，这带来健康医疗市场的增加。那么老年人的到来，实际是老龄社会。

同时中国的大健康产业规模在不断地增长，随着科技水平、经济水平、社会各个方面水平的提高，健康占 GDP 的比例不断提升，刚才估算到 2030 年左右估计会在 16 万亿元左右，占 GDP 的比例也在不断地提升。刚才说了如果我们按照美国相应的比值，现在大概在 7% 左右，7% 左右到 17% 还有 10% 的增长空间，能够看出来我们的支出，确实每年从人均来看，也是在不断地提升。从横向面来看，刚才说了美国健康支出占 GDP 的比例是 17%，中国是 7%，还有十个增长点，从英国和日本这些发达国家来看，发达国家基本都是两位数以上，可以看出来中国健康产业支出的结构和国外相比有比较大的区别。发达国家院外的支出比例比较大，中国是院内的支出比例比较大，我想将来院内院外的连接和互动，这是健康产业发展一个很重要的方向。这些是和世界来比，看中国健康产业的方位，总体来看随着社会不断地进步和发展，健康支出会逐步提升，而健康支出的结构也会不断地变化。中国正在向发达国家看齐，所以我们从量到结构都在不断地向发达国家的标准看齐。

下面看一下中国健康产业的结构，从上游看就是制造业，中游就是服务业，再下游到了用户，从产业链的三个阶段来看，中国的健康产业的支出应该说向家庭方向会逐步扩大，家庭方面的支出和家庭医疗的支出，然后向健康保障不断发展。这就是制造业从这里可以看出来器械和药品，不同领域的分布，这是上游制造业的情况。

第二部分，健康产业的需求需要科技推动，哪些科技会推动健康产业的发展？我特别体会是两大类，一类是生物所，生物所首要就是专业研究生物医药，比如北京地区有七大所，今天各个所都有代表来了，我们生物物理所，这个园区里有遗传发育所、动物所、心理所，香山还有植物所、微生物所、基因组所，大概除了植物所在香山，其他的都在我们这个园区，这是传统的生物医药，这样的一些研究所，特别是孙局长提到的重大成果，许所长提到的重要成果都是生物类的研究所做的重要贡献。今天重要的一个所就是非生物类的所，他们代表学科交叉和未来的方向，就是技术科学所，接下来我也会讲。

我提了一些可能的未来健康需求的方向，大家看一下，我提了这几个方向。跨界家庭、未病先知、未病先医、长生不老、精准医疗、5G＋MDT、老有所享。跨界家庭，刚才讲种种方面的变化，可能会成为一个家庭重要参与者的就是机器人，可能某些人是重要的角色甚至作为生活的伴侣，也有可能替代一部分劳务工作，这是机器人；未病先知，将来可能出现这样的行业，你没有病的时候告诉你没有病的时候帮助你，特别是相应的学科，比如说表观遗传学、生物信息学、体质人类学，我自己在研究生的时候琢磨一个问题，中国传统国学中有一个看相算命，我当时琢磨看相能不能算病？然后写了相关的观点文章交给我当时的两位导师帮助我批评指正，他们认为长远来看这是完全可能的，今天来看这样一些学科的发展完全有可能实现未病先知；还有未病先医，很多病通过早期干预做到防患于未然，比如今天的微创手术，通过基因、分子的干预完全有可能实现未病先医。长生不老，这不可能无限制，将来百岁不是梦，这是完全有可能的，如果按照古代价值观百岁就是长命，这个角度完全可以实现，通过今天的干细胞，通过再生工程，很多人这个器官坏了像换零部件一样换，状态不好打干细胞，现在干细胞不能盲目地打，我们物理所有一个技术是自身干细胞，这是相对安全的，异体干细胞需要更长的时间来证明，这样一些技术能够帮助我们实现这样的梦想。

我在国科控股的时候一直鼓励探索这个方向，就是健康院，现在相关的合作伙伴正在推动，可能未来不久组建国科健康院，这就是集未病先知、未病先医于一体的业态，通过深度查体、精准检验、高端诊疗、特色微创、个性化管理来实现。精准医疗、转换医学起来的时候我们就理解这样一个概念，中医每个时刻都不一样，因人而异因地而异，现在看来不仅中医是这样，未来西医也会这样，所以将来会出现一个产品就是伴行诊断。刚才许所长说到诊断，我觉得这个产品就会适应这样的需求和发展的方向。不同人可以不同治疗，同一种病针对不同情况来开展治疗。5G和MD，大家知道每次产业都伴随着通信的改变，我们现在步入到5G，5G能够无障碍实现远程医疗，不是MD，MDT，就是多学科的会诊，通过5G这样的技术手段，再通过大数据能够实现这样的治疗，让偏远地区的人能够享受到一线城市的医疗待遇。老有所享，老年人越来越多，老年人的生活质量决定社会的生活质量，老年人怎么过得更好？前不久我们到一个社区进行参观，这个社区会成为新历程下属的一部分，老年人怎么能够做好老有所依老有所享，每个楼里面有三个秘书、健康秘书、生活秘书、快乐秘书，这可能是未来养老的形态。

　　哪些技术可能会支撑这样的需求？前面孙局长和许所长都提到了，他们都是老专家。我说生物哪些领域跟健康有关系？据我知道的生物很多研究，刚才说的这些需求、这些趋势可能和这样几个技术密切相关。首先是基因技术，这些技术一旦发明以后对人体健康的影响是巨大的，大家知道出现一个基因编辑的儿童或者说出现这样的基因编辑的人，将来很多疾病是不是都可能通过基因干扰技术和编辑技术实现这样的预防和治疗。其次是细胞技术，包括干细胞技术、细胞克隆技术，这样一些技术会对我们的健康产生巨大影响。最后是组学，开始我想不只是一个，最早基因组学，然后是蛋白组学，好像一堆组学，组学概念出来以后我想一个问题，我们中国中医相应的科学哲学，我们西医或者现代的科学，当代的科学，分工分得越来越细，怎么能够把它整合起来？我认为组学在微观层面上进行了整合，再接着就是系统生物学，从微观到中观，从分子到细胞到个体到群体，能够实现这样的统一。

　　很多年以前，当时我们组织一个研究就是未来的生物学到底会怎样？当时很多专家提出将来能够实现遗传发育进化的统一，所以我想这就是微观生物学和宏观生物学，从分子细胞个体到群体，能够实现这样的统一，来解析今天的健康问题。还有免疫学，我想今天发生的新冠肺炎疫情和将来可能发生的急性传染病，所有的急性传染病都离不开免疫学的基础，离不开免疫学研究的支撑，凡是传染病凡是重大的公共卫生事件都和免疫密切相关。还有一个是生物信息学，我在院里工作的时候我记得我们所的研究人员，他当时获得生物信息学国际大奖，今天看来生物信息学是一个重要的方向，刚才说学科之间和跨学科，小学科和大学科，我想这是生物信息学一个重要的开拓。还有一个学科是脑机接口，我有幸跟一线人员有密接接触，提出脑机接口概念的是美国杜克大学的一个研究者，他的一个学生做了一系列的工作引起全世界的关注，这个团队非常有希望到中国来，那么脑机接口给我们的想象空间是巨大的。

前段时间有一个学院，当时他们让我讲未来科学发展的观点，我讲第五个苹果，就是生命计算，计算生命，对生命科学实现计算，恰恰是生命计算和计算生命的交叉，我相信这是未来学科和产业的爆发点。这位教授到中国访问的时候我和他做了密切交流，我相信脑机接口是一个重要的方向，我当时向院里领导做了介绍，也希望我们能够有互动。接下来我想大数据和人工智能，刚才牟书记提到自动化所传统意义讲是技术学，但是今天完全有可能跨界跨行，而且我知道自动化所若干项目，对我们的健康行业对我们的医疗都有重要的影响。我们现在做的技术虹膜识别技术，远远不止这些，自动化所长期以来在人工智能领域的积累，我想为健康科学和健康产业的发展，提供了强大的支撑，今天来看人工智能，我为什么做这个事儿？我觉得人工智能完全有可能实现刚才讲的让机器人进入家庭，家庭中重要的成员是机器人，今天已经出现这个苗头了，将来坐在台下的可能有机器人，走近了可能都认不出来，我相信这种场景可能会出现。

今天我们谈论5G，已经有人开始谈论6G，不管5G还是6G，它会解放我们的感官，大家知道第一二三次产业革命解放了动力的问题，第三次产业革命是信息革命，解决了很重要的问题就是感官，原来我们的嗅觉、视觉、听觉，这样一些感知通过5G技术现在远程、零距离的传输，今天我看5G技术已经进入我们的行业，所以我想至少在这样一些方面这样一些前沿的科技，可能都会支撑和推动健康产业的发展。这是上次提到的第五个苹果，第一个苹果是亚当、夏娃的好奇心，第二个苹果是牛顿的苹果，第三个苹果是图灵，计算+机器联系起来，这个观点我受惠于陈院士，因为他经常跟我交流一些学术问题，还有乔布斯，他的巨大贡献就是让计算无处不在，因为他的App实现了，未来是计算生命、生命计算。

我们今天有很多新里程医疗集团的院长们，走进我们科学院。我们科学院是国家的科技力量，有105个所12个分院3所大学，还有很多研究所正在向生物学方向在交叉，如果各个医院提升学术水平医疗水平，我觉得科学院是你可以依靠的地方。怎么加快科技成果转化？总体来看，第一是打造一个两链嫁接的平台，通过把供给端和需求端嫁接起来，中间就是成果转化，供给端就是健康科技，健康科技已经进入交叉科学和生物学；健康产业不再是传统的医疗产业，前面讲的广义的五大板块，所以这样广义的健康科技和健康产业之间，需要有一个衔接，这个衔接的平台我想就是科技成果转化的平台。我在国科控股担任董事长期间，组建全院的十几个产业联盟，今天回过头来看效果都很好。

第二是打造三链联动平台，这是我在国科控股担任董事长时提出的，得到大家的一致认可，最后院党组批准，在中办对我们进行督察的时候也做过一份材料报给，也就是说联动创新是国科控股现在和未来发展的战略，实现产业链、创新链和资本链的联动，我们的创新链中国科学院一百多个所，产业链比如新里程，新里程也会成为健康科技、生物医药成果转化的平台，未来还会延伸到健康院，健康的管理服务，还有制药企业，这是产业链；另外是资本链，今天在我们这儿，首先是中科院创投设立的母基金，我们希望有子基金，我们今天签约，比如今天何总率领的子基金，专注健康医疗领域的成果转化，还有被投的项目，今天有一部分项目在这里做介绍和展示。所以我想这样的三链联动将是促进科技成果转化，加快科技成果转化的重要措施，这也是一个重要的平台。

第三是打造4P接力平台，首先IP就是知识产权，中科院的科学家就是IP的生产者，产品是知识产权是各种各样的技术；GP就是基金管理公司，包括母基金也包括各个专业的基金；LP是为基金出钱的投资者，比如一期是中国科学院出了钱是我们的LP也是我们的股东，我们正在组建二期，中国科学院和广东省政府达成了合作，在广州已经设立的中国科学院成果转化基金的二期；SP就是战略合作伙伴，这可能是投资者也可能是合作者，这个SP中应该说会包括很多的地方政府，但今天我们没有特别邀请地方政府，实际上地方政府在中国来说发挥着重要的作用，地方政府或者说企业的财团，大型集团都可能是SP，在投资之外他还会给我们赋能，和我们合作，提供环境、政策等。所以我们在不远的未来准备组织另外一个活动，想组织中国科学院科技成果进某城市，比如进广州，进韶关，这样实现各个行业各个板块之间的集成，对地方政府来说这样的活动对它帮助可能会很大，帮助项目落地。今天这个活动是三个面向，我们响应组织的号召四个面向，我想科技成果就要针对这四个面向逐一安排和落实，成果转化基金是中国科学院特别是科促局一个重要的抓手。

今天的报告，把这次活动的背景和希望达到的目的，给大家做了一个介绍和汇报。谢谢各位！

（作者于2021年5月27日在4P联动创新论坛（首期）暨医疗健康科技成果推介会（北京）上的主题演讲）

用好三种人和四种钱，跨越"死亡之谷"

——在 2020 科技创新企业前沿峰会上的演讲记录

27 日，由人民网主办的"2020 科技创新企业前沿峰会"在京举行，本届峰会旨在探讨科技前沿话题，挖掘最具潜力的科技创新企业，推动我国经济高质量发展。会上发布了首届人民网科技创新企业优秀案例。本次峰会紧扣科技发展脉搏，聚焦新基建，重点围绕"新一代信息技术"和"生物医药"两大战略新兴行业，邀请科技领域专家以及科技创新企业代表汇聚一堂，共同为我国科技创新建言献策。

在"聚焦'硬科技'创新与投资机遇"论坛中，中科院科技成果转化母基金掌舵人、中科院创投董事长吴乐斌，和海通国际证券投行部执行董事刘红哥，中国人民大学金融信息中心主任杨健，人民创投总经理段欣毅，金台出行 CEO 李如彬等行业专家和企业代表，就资本对创新科技的支持与回报进行了交流研讨。

没有科技就没有企业

随着科学技术的发展，基础研究、应用研究和产业开发之间的距离快速缩短，伴随而来的是科学和技术之间边界不断融合，吴乐斌指出硬科技就是指基础性、关键性和前沿性三性叠加的科技领域。新一轮科技革命奔涌而来，百年未有之大变局之下，量子、光子、离子组成的"三子"，以及清洁技术、数字科技、健康科技、创意科技为代表的"绿科技"领域将会是未来科研和投资的重要赛道。

科技的影响将渗透到生活和企业的方方面面，吴乐斌断言，未来已来，没有科技就没有企业。

所以，在科技引领的大时代，卡脖子技术是中国必须补足的短板。吴乐斌表示，解决卡脖子技术问题是一场持久战，其中重要环节之一就是打通科研与产业化的通道，吴乐斌形象地提出了"一条河与五条鱼"的构想。"一条河"就是一条从科研院所知识 IP 到资本市场 IPO 之间的"运河"；而"五条鱼"则代表科技型企业的五个生长阶段：从创意到产品、从产品到销售、从销售到利润、从利润到上市、从上市到发展成为行业龙头。

三种人和四种钱

早在 20 世纪 80 年代，美国学者就发现"将研究成果转化为商业产品"是制约产业竞争力提升的重要因素，即科学研究与商业化产品开发之间严重脱节。

1998 年，时任美国众议院科学委员会副委员长 Ehlers 向国会所提交的报告中首次将此发现命名为"死亡之谷"（Valley of Death）。

美国政府发现"死亡之谷"现象后，采取三项措施，长臂管辖，成就了科技企业繁荣。《拜杜法案》解决了科技成果专利权属的问题。该法案明确，联邦政府资助的科研课题，如果两年内成果不能转化，其权属就将自动授权给科技人员。将专利权属让渡给科学家，进一步调动科学家的积极性，大幅提升美国的成果转化率。

颁布小企业创新研究计划（SBIR），规定凡年度研发经费超过 1 亿美元的政府机构必须预留出一部分款项（这一比重约 3.2%），形成资金池，用于资助上述小企业创新研究计划的对象。这笔钱就帮助企业完成商业计划书的撰写、产品定型、推动政府采购，养活了"第一条鱼"。

出台小企业投资公司计划（SBIC），美国小企业管理局负责向支持小企业发展的创投公司颁发许可证并提供政府资助，将私人资本引入科技创新领域的初创企业。吴乐斌表示，中科院科技成果转化母基金发挥的作用相当于 SBIC 计划。

"死亡之谷"就是运河发端的地方，"当鱼还是鱼苗、还没进入资本海洋的时候"。

如何打开阀门、疏通障碍？

"要把三种人和四种钱聚在一起：科技人员、企业经营人员、投资者；政府科研经费、企业资本、保险、金融机构贷款。"让这"三种人""四种钱"在一个点上发力，吴乐斌解释道。

"三种人、四种钱在党和政府的领导下，齐心协力、协同创新，这个问题不仅能解决好，而且会比世界上其他国家解决得更好！"

（作者于 2021 年 9 月 22 日在"科技成果评价高层论坛"（北京）上的主题演讲）

可转化成果的四项条件

——在 2021 科技成果评价高层论坛上的演讲

2021 年 9 月 5 日，由中智科学技术评价研究中心、中国高科技产业化研究会、中国国际经济技术合作促进会等机构主办的"科技成果评价高层论坛"在京举行。

论坛上，与会专家围绕发挥科技成果评价的"指挥棒"作用，展开了深入的探讨交流。中科院创投董事长吴乐斌发表《可转化成果的四项条件》主题演讲，对"科技成果如何评"这一问题提出独特见解。以下为演讲原文。

尊敬的各位领导、各位专家，很荣幸在本次论坛上向大家汇报我多年以来在科技成果转化领域的实践及认识。我今天围绕"可转化成果的四项条件"展开。

死亡之谷

科技成果转化是世界性的课题，也是世界性的难题。2002 年，时任美国商务部部长 Donald L. Evans 提出"死亡之谷"（Valley of Death）概念，用此描述科技成果转化难现象。那么，"死亡之谷"难在哪呢？我的实践体会，这个"谷"就在两个"门"之间。一个"门"是研究院所的门，另一个"门"是企业的门。在研究院所里，科研经费用完了，成果研发完成后没有"嫁妆"送出门，市场企业没有"聘礼"来迎进门。门对门之间的这个距离构成成果转化的脱节，成果在这个过程中夭折。

可转化成果的四项条件

那么，什么样的科技成果才具备"有人送有人接"的条件呢？也就是满足什么条件的科技成果具有转化价值？我认为至少要具备以下四个条件：

条件一：明确的市场定位。

科技成果需要回答"解决市场的什么问题"，这个问题可以简单表述为三个字——新、精、廉。

新：产品是不是市场上没有。技术创新主要有三个类型：集成性创新、继承性创新、颠覆性创新。

精：产品的质量是不是优于别人？质量是立足之本。

廉：产品是不是比别人更加便宜，且便宜 20% 以上。

条件二：技术创新的原理或方法要符合基本的科学原理。

20 世纪末，特异功能现象在全国闹得沸沸扬扬，当时，我听时任中国科学院院长周光召先生说了一句话："违背基本科学原理的东西我从来不看、不听、不信。"他的这句话让我一直受用至今。看一个技术的时候，必须遵循前人公认的基本原理。

市场上时有违背科学原理的"技术"出现，有些甚至受到投资者追捧。比如 20 世纪末在我国的"水变油"事件，最近在美国颇受关注、加利福尼亚州法院正在审理的"滴血验癌"事件。"滴血验癌"，只需要 1~2 滴血，利用革命性验血设备，4 小时就能检验出 300 多项身体指标，受到了诸多投资人关注，公司市值高达 90 亿美元，伊丽莎白·霍姆斯（Elizabeth Holmes）个人身价超 40 亿美元，现在证明所谓颠覆性的血检技术是彻头彻尾的骗局。

条件三：技术具备良好的可重复性（CV 值）。

在产品质量的指标中，科技企业需特别关注产品或技术的变异系数CV值。CV值就是产品的基本稳定性。科技人员往往对"新"感兴趣，而忽略科研成果的重复性和稳定性。

条件四：具备行业准入资质。

需要具备行业的准入资质，特别是某些行业必须具备专门的许可资质。技术、产品跟行业的门槛格格不入的技术应及时放弃。在具有准入资质要求的行业，没有获证意识的项目是十分危险的。

用好三种人、四种钱，跨越死亡之谷

甄别出具有转化价值的科技成果后，实现转化需要充分发挥"三种人、四种钱"的作用。

在市场上，有人说缺成果，有人说缺钱。我认为，具有转化价值的科技成果固然比较稀缺，但是更缺的是可投资于科技成果转化的钱，尤其是体系性的结构安排。科技成果转化需要一个完善的生态体系，创新不是喊口号，必须看实际和业绩。

"三种人"指的是科学家、企业家、投资家。科学家热衷于创新，企业家专注于成事，投资家着眼于挣钱。三种人必须形成高度共识，在同一时点上发力，达成合作的默契。但是，事实上这三种人很难协同。

"四种钱"指的是政府经费、企业投资、金融机构贷款、保险或担保。

政府经费：这是公益性投入，现在国家很重视科技创新，科研经费投入巨大，但是多数科研经费当中会缺一部分钱，什么钱呢？

美国曾出台小企业创新研究计划（SBIR），规定年度研发经费超过1亿美元的政府机构必须预留出一部分款项（这一比重现为约5%），形成资金池，用于资助科研课题的承担者回答包括以上科研成果四项条件在内的技术问题。这就要求，项目在研发阶段就必须回答市场上的问题，做科研的时候就做好把成果"送出去"的准备。

企业投资：即市场上私有机构的钱。科技成果转化风险大，投资机构忌惮于高风险会不敢于投资，所以需要有一个分担风险的机制。比如以色列科技领域的种子基金和 VC 基金，其 LP 中的 60% ~70% 资金来自政府，美国也通过小企业投资公司计划（SBIC），将国家信用引入科技创新领域的初创企业，这会在很大程度上激发社会投资者的投资积极性，促进科技成果的转化。

金融机构贷款：典型的代表机构就是硅谷银行。科技银行很多地方理解为投贷联动，我认为不仅如此，应该是投贷服一体联动。

保险或担保：科研工作和科技成果转化的投资本身充满着不确定性，这些不确定性需要保险来对冲。科技投资保险全方位、全过程、全要素为科技创新提供保险，是推进创业投资、提升自主创新能力的有力保障。

我在担任国科控股董事长期间便致力于成立中国的科技银行和科技保险，目前仍在漫长的路上。现在我仍然致力于建设科技创新、科技成果转化的生态体系，我把它表述为"运河体系"，即打造从知识海洋到资本海洋的运河，我以充当"挖运河的人"为荣。只有生态体系建立完善后，科技成果才能实现大量成功转化。

在此我呼吁，科技成果转化不仅仅是科技人员的事情，也不仅仅是投资界的事情，需要全社会齐心协力，共同打造科技成果转化生态系统！谢谢。

道法术势看企业

——在 2021 年公司全员培训上的讲话

各位同事：

大家早上好！

我们此前在团队内部做过一次战略研讨，战略研讨的内容最终形成了文稿，目的是希望大家在公司使命、愿景、模式与文化上达成共识。所谓团队，就是要有共同的目标，共同的理念。

希望创投建立起内部学习培训常态化的制度。月度集中培训，培训即交流，教学相长、相互学习、相互提高、共同进步。那么今天，我从科技企业角度出发，在总结几十年工作经验的基础上，跟大家分享《道法术势看企业》。

一、法眼看世界

2000 年，我在北大光华管理学院参加北京名牌企业经理人的培训班活动，当时张维迎教授提出了公司的核心竞争力"4＋2 成功方程"，让我印象深刻。"4＋2 成功方程"具体指：聚焦的战略、高效的执行力、业绩文化、合理的组织结构（扁平组织）这 4 个是必须条件，精英人才、领导能力、行业创新、并购合作为充分条件，具备任意两个即可组成 4＋2，4＋2 企业一定是成功的企业。

经历多年做企业、看企业，我也思考总结形成了判断企业优劣的 4 个维度，即"道法术势"。我们看世界，现象是丰富多彩的，但其背后的规律和本质都是简单的。这就是"法眼看世界":从平等、创新两个角度看国家兴亡;从道、术、命三个方面看个人成败;从道法术势四个维度看企业的好坏。我们今天讨论的主题是道法术势看企业。

二、道

"道"就是企业的发展战略。企业的战略主要回答两个问题:第一,主业是什么?投资行业很多投资公司的说法叫赛道,赛道是什么?第二,商业模式是什么?就是怎么挣钱?

(一)主业

主业第一个要解决的问题就是产业归属,落在哪个产业里。按传统的划分方法,第一产业是农业,所有的投资人都认为农业周期长、挣钱少、利润率低、市场受自然环境影响的波动大,所以对农业投资慎之又慎。第二产业传统的定义是制造业,在当前情况下主要指战略性新型产业。第三产业是服务业,我们国家现在侧重发展高端服务业。

除了传统的三大产业之外,大家可能听过有第四产业的提法,我理解第四产业就是制造业 + 高端服务业。香港的企业家告诉我,他们很早就有了第四产业的实践,打通了制造业和服务业。除此之外,现在特别重要的是新兴产业"互联网 +"。"互联网 +"对各产业、各行业都构成了前所未有的颠覆和创新。

对于主业来讲,第一要考虑规模,赛道的规模至关重要。目前为止,创投投资的很多项目存在赛道细分市场普遍小的问题。一个企业的社会影响力,很重要的决定因素是销售规模。为什么联想的社会影响力比较大,2020 年底联想的销售规模近 4000 亿,这个体量的销售规模对社会势必构成很大的影响。同时,我也认为华为任正非先生提出的"根技术"概念非常好。"根技术"顾名思义,面上不显现,但发挥根本性影响。销售规模决定企业的社会影响力，技术创新能力决定企业的行业地位。

第二要考虑成长性，是不是行业里成长性最好的企业可以通过下述指标判断：行业增长率是否大于国家的 GDP 增长率？企业的销售增长率是否大于行业的平均数？企业的利润率是否高于行业平均利润率？利润是否产生了稳定的现金流？这里提醒大家，只看企业的损益表是不够的，一定要看现金流量表。有的企业行业很好、销售规模可观、增长较快、但就现金流不好，问题往往出在企业的账期。如果企业账期长，坏账率高，债务人为央企，这样的企业投资要慎重。

第三是市场占有率，如果不是头部企业，基本上不要考虑投资。中国企业家俱乐部的理事指出，未来只有三类企业：第一类头部企业，股市上股价基本都奉献给头部企业，市场占有率高是头部企业的共同特点，不在头部就意味着消亡；第二类平台企业；第三类创新企业。中国的行业普遍小而散、集中度低，所以中国几乎各行业都面临一次"集中"的挑战或机遇，如果最头部的企业市占率不超过 20%，说明这个行业尚未集中。

第四在选择主业时也要将主业和国家/地区联系在一起。尼克松说只有大国才能产生世界领袖。同理，一个企业经营的好坏，要看主业是否在全世界成长性最好的国家和地区，是否在全世界创新性最强的国家和地区。

我认为全世界成长性最好的国家是中国，创新活力最强的第一是美国、第二是以色列，当然欧洲也名列前茅。再具体来讲，美国创新性最强的第一是硅谷，第二可能是波士顿地区或西雅图地区。

第五是投资科技成果转化、投资科技企业，一定要关注当地科技企业的生态体系，或者叫科技创新的生态体系。科技创新的生态体系就是要打通从智本海洋到资本海洋的运河，运河只是一个生动的比喻，实际指科技创新的生态体系。党中央作出绿色发展的决策后，中国很多地方推行河长制，当地的江河湖泊由地方主要行政长官负责，这样有利于地方的生态保护。希望未来科技创新生态体系也可以建立科技运河的河长制。

如果我们去一个地方做科技企业和科技成果转化的投资，要考察当地是否具备以下九个科技生态要素：第一，科创服务平台，也可称之为孵化器，加速器、双创平台。硅谷的科学家创新创业，有完备的配套服务体系或者服务平台，如会务公司可提供会议支持，文案公司可提供打印服务。孵化器就是创新创业的配套服务体系。此外，硅谷长期以来形成了独特的文化体系——信任创新者、创业者。第二是投资平台。投资平台就是经常说的双轮启动，源自于联想战略直投＋基金投资。第三是融资平台，指银行、直接融资、IPO、发债等一系列融资的工具和平台。第四是科技银行，简单解读就是投贷服联动，就是贷款加投资加服务。第五是科技保险。我曾赴以色列实地考察科技保险，对以色列代际传承的保险意识印象深刻。很多保险业内人士认为科技保险市场小众，这是片面、甚至错误的。现今，全国普遍开展科创双创活动，全方位、全要素、全过程的科技保险至关重要。但是真正把科技保险认识到位，推出产品的公司凤毛麟角。第六是创新联盟。科技部成立了国家创新体系建设办公室，以企业为主体，以市场为导向，政产学研用相结合，建立国家的创新体系。中国科学院推出了另外一种做法，是创新链产业链两链嫁接联盟，由行业龙头企业牵头，产业的上下游积极参与，典型的成功案例就是中科曙光。第七是产业智库，产业智库简单表述就是知道行业在做什么，知道别人在做什么；了解新产品、新商机、新技术。这其实就是商业信息，企业尤其做投资的企业，商业信息十分重要。罗斯柴尔德家族正是因为比政府更早收集到了滑铁卢战役的情报而发家。产业智库的业务按传统的观点叫行研，只有动态的行研才能知己知彼、百战不殆。第八是人才平台。要创造一个环境和平台，让所有人能体现出自身的价值、不断成长。每个人在每个岗位都需要不断的学习和积累。柳总创办联想控股就是将其在美国 GE 公司的学习体会转化为实践的产物。优秀的企业家必须是学习型人才。希望创投将来是一个大学校、一个大家庭。第九是知识产权运营平台，国科控股成立了专门的知识产权运营网络，在深圳有一家 IP 公司，后来院里成立了 IP 的运营中心。以上就是我们做投资时要关注的被投企业是否具备的生态体系。

（二）商业模式

商业模式传统的表述为技工贸、贸工技。联想当年是贸工技。我写过一本书叫《R&D 与企业原动力—中外著名企业科技研发及案例剖析》，书的结论是世界 500 强企业基本上是技工贸，先有专利、再出产品、最后成就一个企业，这就是企业的基因。

微笑曲线就是行业的利润分布：研发、销售和金融是高利润，生产虽稳定但利润低，还要看生产企业分布的具体地区。我们基本上投的是科技企业，所以商业模式是技工贸，在整个产业链中处于高利润部分，也高风险。小米雷军的商业模式，就是典型的"互联网＋制造业"，通过互联网，把供应商变成外包商，控股行业头部企业作为制造商并实现精益制造，穿透中间商实现新零售。科技企业，我提出的发展战略，实际上也是科技企业的一种商业模式，就是联动创新，创新链＋产业链＋资本链，三链联动。对于中国科学院的企业来说，创新链走在前头，有了创新以后，创新链牵引布局资本链，创新链引导布局产业链，形成三链联动的关系。

三、法

（一）治理结构

治理结构就是股东股权的结构、董事会的结构、管理团队的结构。

很多企业成败由治理结构决定。先说股东，对于一股独大、有单一绝对控制权的股东，该股东的背景、素质、禀赋决定了企业。对于股权平均、无实控人的企业，往往就意味着团队控制企业。比如说联想，

柳总要把联想办成一个没有家族的家族企业，悉心打造联想的团队、基因和文化，由团队来掌控公司。反之，如股东之间价值观不合，或无法磨合成紧密的团队，往往矛盾百出。如果管理团队是科学家团队且未完成转型，投资要慎之再慎。同理，如果在公司治理结构中，传统产业背景的股东和董事占多数，而被投企业是科技企业时就非常危险。因为传统产业的股东和董事，对现代科技的理解，绝大多数是有偏差的。

组织结构实际上是集团公司和控股公司的问题。大船结构就是集团公司，控股公司是舰队结构。企业要根据具体业务和自身优缺点选择大船结构或舰队结构。联想集团是大船结构，联想控股则是舰队结构。

（二）团队

团队的重要性毋庸置疑。创业企业的团队更重要，董事长、总经理、高管首当其冲。如果团队高度集中，则被集中的人决定了企业的命运。美国有的投行家质疑企业全部为男性的高管团队，在投资人眼里，清一色的男性团队等同于技能、特点单一的团队，存在走极端的风险。乔布斯创办苹果，就像刘备求贤若渴一样，寻找销售、金融等各类人才，组建完整、全面的团队。

团队就是有共同目标、共同价值观，有不同的长处和分工形成的有序、默契合作的集体。这里包含了精英人才、领导能力和执行力。精英人才指以每个独立岗位为单位，在行业内部进行对标比较。这个方法同样适用于我们考察被投企业。

（三）设施、设备、资质

设施、设备、资质统一来说指行业的资质。比如说 ISO9001 就是基本的资质。要考察企业，建议去看企业的卫生间、传达室、食堂（如有），很快就能掌握企业的状态。如果卫生间脏乱不堪、门卫衣着不整、食堂无序混乱，这个企业不会是好企业。考察企业的这几个地方，实际是观察企业的文化、理念以至管理。

如果被投企业是制造业，一定要看其设备是否先进，基本的体系是否完善，包括质量体系、安全体系、管理水平的认证（5S，6 西格玛等）。

（四）文化

"法"中一个很重要的体系就是文化。中国科学院在做知识创新工程的时候，时任党组副书记郭传杰将文化定义为：思想理念、规章制度、行为规范。这样，文化就具体可见了。

行为规范包含 CI、VI 系统。所以对于一个企业，需要有表述的文化，如企业的价值观、企业的使命愿景、企业的基本制度，企业形象标识，这样就能让人感受到文化的气息。

（五）产业链上下游

最后是企业的上下游，上游就是供应商，如果供应商很集中或是单一关键供应商，这类企业就非常危险，商务谈判的失败、供应商的毁约、供应商倒闭都可能导致企业濒临绝境，诺基亚就是最典型的案例。下游的用户，用户单一也是危险的，依赖性太大，生存空间就小。

四、术

中国的文字博大精深，企业的"术"，和之前讲的"道"是哲学相关的一对范畴。这里讲的术，就是企业能够制胜、能够立足的根本，总结为"新、精、廉"三个字。这三个字企业一个不占，迟早破产。如果占一个字很好，占两个字更好，占三个字最好。

"新"就是能不能做到行业中，技术/产品是我有而别人没有的。中国的制造企业，相对来说创新能力较弱，基本上做不到人无我有。同时，要看企业是不是模式创新、技术创新。阿里实际上借鉴了亚马逊而实现了创新，成就了一个了不起的企业。中国企业的一大机会就是商业模式的创新。技术创新，颠覆性创新，比如说胶卷行业的消亡，这种颠覆性的创新可欲不可求。欧美擅长颠覆性创新，日本企业善于集成性和继承性创新。

"精"指产品质量。产品的质量是否优于同类产品是企业的立足之本。产品质量的底蕴来自于质量文化。到过德国、瑞士的人就能感受到他们精益求精的文化几乎无所不在，你在户外看他们种植的树没有一颗是歪的，用作固定树的木棍没有一根是糙的。我们到印度，印度街上的电线杆很少是直立的，多是歪的斜的，电线杆根部的土石多半还没有回填到位。这就是文化的差异。在产品质量的指标中，科技企业需特别关注 CV 值。CV 值就是产品的基本稳定性。科技人员往往对"新"感兴趣，而忽略科研成果的重复性和稳定性。

"廉"就是产品成本。当一个产品进入市场后，如果价格比同类的产品价格低出 20% 或者以上，才能对消费者、购买者构成冲击力。

五、势

势就是业绩，势就是品牌。一个企业的好坏最终要看业绩。发展是硬道理，业绩是金标准，企业工作者有业绩才有发言权。就像做研究工作的科学家，没有 IF？（Impact Factor 论文的影响因子）就没有发言权。

业绩就是三张财务报表，投资经理考察被投企业，应该最先看三张报表。如果看了三张报表，发现是"三无"（无销售额、无利润、无固定资产）企业，再去深挖技术、团队。看三张报表就是看三个比：同行比，跟同行比较，对标建标，要知道头部企业是谁，拿头部企业的数据和被投企业对比。同期比，看自身的三年数据，看是否呈现上升趋势。预算比，从公司的预算执行情况看公司的执行能力。同时关注现金流量表，特别注意账期。

品牌是钱。现在中国科学院正在清理品牌，这是必须的、及时的。品牌的市场定位、品牌的维护很重要。一个品牌定位不要同时覆盖高端市场和低端市场，品牌的错位会降低品牌的价值。

最后看企业是否形成了核心竞争力，张维迎用"偷不来、带不走、拆不开、买不去"来作为评判标准。换句话说，能被偷走、能被离职员工带走、能被拆分、能花钱买到的都不是企业的核心竞争力。

我们投资企业的时候，用老百姓的话就是不怕不识货，就怕货比货。投一个企业，首先知道这个行业里是否有龙头企业，如果有，就跟龙头企业对标；如没有，就看它能不能建立标准？建立不了的说明还不是行业龙头，所以判断一个企业就是对标和建标，如果回答了这两个问题，企业的行业地位也随之确定。

企业的价值评估，成本法与收益法孰轻孰重，有形资产与无形资产孰轻孰重，市盈率是高是低，这需要具体情况具体分析。

（2021 年 6 月 10 日，北京　记录者：刘晓慧）

第四辑

随笔

除夕，在太平洋上空

大年三十的下午，我登上了从北京飞往美国芝加哥的航班，在一阵轰鸣声中，飞机腾空了。我透过机窗俯瞰，看着一整片一整片的房屋，似乎听到房屋和房屋的主人在说：我们正在过年。

飞机上，乘客不多，中国人更少，但这已比我预计的要多了。许多友人对我大年三十赴美感到不解，但我坚持了自己的道理。然而，我却以研究的目光看待同行的中国同胞。乘客中我发现了一位坐在轮椅上的长者，他智慧的气质和残疾的双腿特别引人注目。他就是学术界著名的数学家陆启铿院士。缘于对他的熟悉，我倍感亲切，我上前向他问候和致意。他是应一大学的邀请前去讲学，顺道到芝加哥地区的儿子家里过年。我为与老人的这等巧合感到欣慰。

我与邻座的几位中国同胞攀谈起来。一位青年是赶回美国上学的，学时不等人。一位中年人，他在一家美国公司上海分公司工作，他的家人在美国，他赶回美国的家过年。一位小姐（准确地说是一位年轻的太太），她赶往纽约，她先生在纽约上学，她离开"大家"赶往"小家"过年。还有几位长者，多携同英语很流利的小孩儿，我推论，他们可能是"国际化"的家庭，正赶往美国过年。

我与邻座的老外探讨起我们的春节。他是一位在北京办公司的美国芝加哥人。他虽然不会说中国话，却知道这一天是中国的大年三十。他说，他们的春节是圣诞节以及与此相近的元旦。他说，他此行回美是准备携同妻子和三个孩子一起到中国生活和工作。他喜欢中国，喜欢中国文化。在他的言谈中特别提到，美国社会的趋势是回归到注重家庭的天伦亲情。我与他调侃道，即便在中国他也可能当选"模范丈夫"了。我们一路谈兴甚浓。

我期待着在飞机上享受过年待遇或出现过年的气氛。然而，一切在按平常的程序进行，甚至在空姐致的欢迎词和解说词中只字未提过年。我实在按捺不住，就和一位空姐讨论起来。她告诉我，如果说有过年待遇的话，那就是此行多给了每人一个领带夹。在飞机上过大年三十，她已经是第二次了。她觉得过年的气氛一年比一年淡薄了。

飞机在夜间状态飞行。在北京时间正月初一凌晨十二点半左右，不知是谁先打开了机窗的遮光板，透过了一片光亮。我向窗外看去，看到机翼正披着朝霞。机身下，白云成团成片，如无垠的茫茫雪原。在白云淡薄处，可看到蓝色的海面，这就是太平洋。洋面上，积雪的岛礁不时隐约可见。我想，这时国内的夜空也可能正不时地闪烁着烟花爆竹的亮光。与此相比，我们在太平洋上空看到的除夕景观，可谓别有洞天。

在祖国大地沐浴着大年初一的曙光的时候，我们乘坐的航班顺利地降落到了西雅图国际机场，然后再飞往本次行程的终点站芝加哥。

观尼亚加拉瀑布随想

初春时节，我游览了尼亚加拉瀑布。乘车从纽约出发，经一天的奔波，经康州、宾州到达纽约州的尼亚加拉市。当夜我住在离瀑布最近的一家宾馆，我急切地想一饱眼福，于是，我踏着月光与灯光交织的夜光，去一览尼亚加拉瀑布的夜景。

不远处传来了瀑布的轰鸣声，但你很难想象瀑布就在附近。一眼望去只是觉得身处闹市或平川，没有高山或悬崖何来瀑布呢？我缘着瀑布的轰鸣声，寻思探究，在眼前忽然出现了瀑布的容颜：一道又长又宽的水帘倾泻而下，在对岸灯光的照射下，与周边皑皑的积雪相映，犹如冰肌玉骨的少女，纯洁而又多情，施展着诱人的魅力。这就是美国瀑布和新娘面纱瀑布。马蹄形瀑布则在远处若隐若现，像是在陪伴新娘瀑布。寒风吹走了一批批的游人，我独自沿着瀑布逆水而行。在尼亚加拉河畔，我不时望着河水，不时地在自己的思想王国里慢行。夜色和寒冷给予了我独享这一切的机会。

河水急流而下，白色的浪花时而盛开时而凋落。借着月光，我能透过河水看到河底的卵石，你可想象河水是多么的清澈！这一幕勾起了我的联想。那是远方的故乡。我的故乡在武夷山脉，我这家依山傍水。在我少年时代，我常在家门前的溪水里玩耍，那河水与眼前的尼亚加拉河水没有两样。但是，近年我回家省亲时发现，那条河里流着的水已完全变了样，如果说那是稀释的酱油不会有太大的夸张，那是因为河的上游办起了造纸厂等工厂，工厂的污水流到了河中，清澈的河水从此消失了。

我真不知道那条可爱的河是否还有希望变回原貌，我真担心，我们民族的子孙后代是否还能在自己的国土上看到我们曾看到的清澈河流。我望着尼亚加拉河水，感叹道，尼亚加拉河啊尼亚加拉河，你真幸运能在这里流淌，你的多少同类正在被割股啖君的人们糟蹋，他们的行径何时才能终止呢？

我望着尼亚加拉河继续漫无边际的思想。我思忖，如果没有尼亚加拉瀑布我们会知道尼亚加拉河流吗？我想，如果没有尼亚加拉瀑布就不会有这么多人关注尼亚加拉河，但如果没有尼亚加拉河就不会有尼亚加拉瀑布。尼亚加拉河起自伊利湖（Lake Erie），流入安大略湖（Lake Ontario），"生"得平凡，"死"得平凡，平平静静地流过了多长的河床，但在瀑布一泻成名。河流如此，人生如何呢？我感悟到，啊，人生如河。一些河流起源于不起眼处，但汇聚小溪流成大河，波澜壮阔，奔向江海。一些河流因势单力薄而干涸于河床，无声无息地消亡了。平凡的人生如追求伟大的事业或成就一项伟大的事业，生命就会因此升华。

尼亚加拉瀑布，由三个瀑布组成，分别是美国瀑布、新娘面纱瀑布、马蹄瀑布。美国瀑布、新娘面纱瀑布共宽 1100 英尺、高 180 英尺，马蹄瀑布宽 2500 英尺、高 170 英尺，流量每秒钟 675000 加仑。每年游览瀑布的游客约 2000 万人次，此项旅游业的经济收入十分可观。瀑布的直接受益者是美国的尼亚加拉市和加拿大的尼亚加拉市。但是，瀑布的发现者是印第安人。印第安人发现瀑布时，以为这是雷神降世，所以尼亚加拉（Niagara）是印第安语雷神之意。他们为了祭神，选了一位印第安少女，将她浓妆打扮后从瀑布顶端推入瀑布，她就消失于水流之中。为了纪念这位少女，人们将瀑布的游船称作 Maid of Mist。在数百年前，踏上美洲大陆的欧洲人，以野蛮和残酷的暴力将原来的印第安人屠杀、驱逐，并占有了瀑布。在国际上推行强权政治，不正是当年残暴屠杀、征服印第安人的本性的再现吗？不过，我们作为中国人，应当时时提醒自己，落后就要挨打。

瀑布的水在流，但水流形成的瀑布千古依旧。观光的人在走，人流不断，前者走了后者又来了，不论冬夏与春秋。我告别了瀑布，但尼亚加拉瀑布将不停地在我的脑海里奔流。

远方的怀念

4月1日下午4时，我从美国的圣路易斯起飞赴华盛顿访问。我依窗而坐。机窗外，夕阳斜照，时而蓝天白云，时而云雾茫茫，浑然不见。此情此景勾起了我的回忆：那是2年前，也是4月1日下午4时，也是乘坐飞机。那飞机是自北京飞往南昌，飞机上的我也是依窗而坐。那是我因为母亲的去世而匆匆踏上了回乡之路。

两年过去了，工作忙得使我无暇念及健在的父亲和去世的母亲。偶尔在梦里，我回到了从前，我与母亲重逢了。醒来后往往引发一长串的回忆。最难忘的是，与母亲最后一次的离别。那是1994年春节前，我获悉母亲患了心脏病，那意味着随时都有生命危险。于是，我特地回到老家过春节，与她多处一些日子。母亲似乎想说些后事，又恐我太沉重。我想说些轻松的话，但也不容易。我想这也许不是她最后的日子。日子一天天地过去了，春节一完我很快就要回北京工作了，告别的这一天终于来了。往常，母亲总是送我到门前的路上走一程，然后嘱咐几句，我上车远去。这一次的告别，一出门母亲说话就有些哽咽，她说："你尽管走吧，不要在乎妈妈。"她的话语在颤抖，眼角在湿润，她的双手紧握我的双手，然后又轻轻地松开了。我的心戛然收紧，我强作笑容说，"妈，我有空时一定会来看您的"。我上车了，车子开出两里外我才敢回首，隐约望见母亲还站在家门前的坡上。

我的母亲，是一个平凡的人。她养育了我们，她操持了家务，她常日里守护着家。她没有自己的事业，没有更多的理想，只是过着平淡的日子。我的母亲是一个善良的人，每遇到乞丐或落难的人上门，她一定会善待来者，除了给予食物，还会给予安慰或劝说。村里邻里有了困难，她总设法帮助人家，有时为了帮助一个人，她要发愁好几天。我的母亲是一个勤劳的人，她不停地劳作，也不许我们游手好闲。所以，我中学时期的周末，从来就没有停止过劳动。我的母亲没有什么文化，但极敬重文化人。她对我们子女的教师敬如贵宾。有一次，我的一位中学教师路过我家，她将家里仅有的几个鸡蛋做成点心用作招待。

两年过去了，母亲安息在家边不远的土坡上。那是武夷山脉美丽富饶的地方。我不曾到她的墓前纪念。在她去世两周年的日子里，我奔波在异国他乡，但在我的心里，始终装着一份游子的怀念。

不能忘却的墓碑

　　1996 年 3 月的某一天，我在老同学的陪同下，游览了位于弗吉尼亚州的美国第三任总统托马斯·杰弗逊的故乡——弗吉尼亚州的蒙地沙罗（Monticello）。15 年多过去了，参观所见仍历历在目，而其中最为难忘的是托马斯·杰弗逊的墓碑。

　　在美国的历史上，如果说华盛顿总统是缔造美国国体的第一人，那么，托马斯·杰弗逊就是创造和建设美国文化的第一人。在华盛顿广场矗立的托马斯·杰弗逊纪念堂墙上的语录，如今已经是美国文化的精髓。已经成为雕塑的托马斯·杰弗逊，目光一直朝向白宫，看有哪一位总统敢背离民主政治的准则。

　　我们参观了托马斯·杰弗逊的故居，可圈可点的故事很多。比如，他自己设计了酒窖和酒的传送装置，我们可以遥想他当年喝酒的惬意；又比如，他为好友本杰明·富兰克林专门建造了一间客房，为方便富兰克林深夜自由进出，房间的窗户既是窗户又是门。所有这一切，让我们看到的是一位极富生活情趣的人，而暂且不关注他是什么名人、总统。

　　但这一切和他的墓碑相比，只能算陪衬。什么使他的墓碑具有那么巨大的震撼力和穿透力？是恢宏的气势？是精美的建筑？还是优美的环境？都不是。是墓碑上的碑文："这里安息着托马斯·杰弗逊，美国独立宣言的起草人，弗吉尼亚州宗教信仰自由的倡导人，弗吉尼亚大学的创始人。"这是他为自己设计的墓碑和撰写的碑文，可谓盖棺论定，这就是他认为一生值得书写的三件事。但我们知道，他曾经担任多个耀眼的职务，包括弗吉尼亚州州长、驻法公使、第一任国务卿、第二任副总统、第三任总统且连任两届。

与此形成鲜明对照的是我们中国的许多名人的生平介绍，基本是社会职务的任职时间表。只见头衔，不见业绩。某一天，我上门看望一位领导，他让我读一份请他审批的一位著名科学家并同时是部门领导的生平介绍。我读完后如实汇报，生平写得系统、翔实，但仅是一系列社会职务的罗列，如果用于其他人，只需换一个名字即可。

碑文和生平只是表象，其本质是价值观。中国历史，上下五千年，帝王将相，无以计数，但被历史和人民记住并爱戴的却屈指可数。

今天的中国社会，官本位的价值观仍然是主流。从公务员招聘趋之若鹜的现象便足以让人感受到"万般皆下品，唯有做官高"。如今官场大致可分三种人：做官为了做事，此可谓一等好官，属珍稀官员；做事为了做官，此可谓二等好官，属优良官员；做官为了做官，或一切为了做官，此可谓劣质官员。贪官污吏多出于这一类官员，他们把官当作名利和个人享受的载体。

笔者熟悉的一位科学家领导对我说过："我做官，从来不把官帽戴在头上，从来都挂在墙上，因为，我是为了做事。"我非常敬重他，但像他这样的领导不多。在生物圈，生物保持多样性便实现生态平衡。一个社会，保持多样性本是好事，但是，如果"劣质官员"横行就可怕了，如果官场像金融领域那样"劣币驱逐良币"，那就是社会的不幸，国家的不幸！

孙中山先生在1912年视察山东高密时题词"立志做大事，不要做大官"。但今天遵照孙中山先生指示办事的人太少，也太不容易。

指示的力量是暂时的，文化的力量是久远的。如果托马斯·杰弗逊的碑文和孙中山的题词能被我们多数人所熟悉、所欣赏并融入自己的价值观，则是社会之大幸，民族之大幸！

反对平均主义

文化决定国家和民族的兴衰。

当前西方发生的金融危机或经济危机，其根源是文化。典型的莫过于希腊。到过希腊的人都知道，希腊的特点可用四个 S 表述：STONE，石材多；SUNSHINE，阳光充足或人们喜欢享受阳光，每逢夏季，西方人成群结队地到圣托尼妮岛晒太阳，人们戏称"烤猪"，白白的皮肤去，红红的皮肤回；STORY，故事多，希腊神话是西方乃至世界文明的重要组成部分；SEX，希腊人性观念比较解放，喜欢浪漫。四个 S 中三个都是享受。

日常生活中，希腊人上午 9 点上班，下午 3 点下班，且以少交税为荣。西方经过长时间物质文明的积累，"好吃懒做"逐渐成了社会风气，再经过金融工具和当代科技手段，实现了"寅吃卯粮"皆大欢喜的局面。但是，"卯粮"被吃空了，危机就爆发了。

中国，在经济形势被全世界称赞的同时，我们要清醒地看到我们自己的隐患。其中一个重要隐患就是平均主义。平均主义是中国经济发展的大敌，更是中国社会发展的大敌，在我们进行社会主义文化建设和发展时，我们应当旗帜鲜明地在全社会反对平均主义，这将是一件功在当今、利在子孙的好事要事。

平均主义是人性中潜在的劣根，更是中国的"国粹"，是中国文化中的"酱缸"，几千年来，所有的中国人都被这个"酱缸"浸泡过。在中国的历史上，在推翻一个旧朝代时，平均主义是最重要、最有效的革命理论，屡试不爽。

所谓"三百年有王者兴"的历史规律，平均主义是这一规律的内在动力机制，就是一个社会经过三百年左右的积累，不公平、不平等的社会压力到了爆发的临界点，这时，有一个能人用平均主义的口号振臂一呼，万众响应。平均主义的口号或主张最直观，最生动，最具有刺激性，最容易调动普通百姓的积极性，有时也是破坏性。

中国历史上朝代更替，循环往复，几乎无一例外地重复以下过程：打天下时，在平均主义思想兴奋剂的催化下，革命者（有时也被称为造反者）如山洪暴发，或如猛兽出笼，势不可当；打下天下后，造反者成了统治者，悄悄地将平均主义的兴奋剂替换成人类社会的镇静剂——儒家思想，开始尊儒拜孔，进入新的一轮历史时期。

人类社会发展至今，全世界范围都没有认清平均主义的真实面貌。西方社会的"自由、民主、平等、博爱"的价值观席卷全球，其中，核心的思想是平等。但是，因为绝大多数人混淆了平等与平均的区别，所以，发展中国家的老百姓，特别是"愤青"们，被西方用平等做外包装的平均主义兴奋剂一次又一次地催情，造成了此起彼伏的社会动荡。

平等与平均的异同是什么？

《辞海》中"平等"的定义为"人与人之间在政治上经济上处于同等的社会地位"。如果我们稍稍注意观察和审视一下人类社会复杂而有趣的许多现象，我们就会发现，平等的含义远不止这样的定义所涵盖的内容。在日常生活中，许多人对观看或参与体育比赛有浓厚的兴趣，其原因何在呢？从表象看，人们为直观的胜败、激烈的竞争、生命力的优美而喝彩，而从本质看又如何呢？如果发现比赛者中有人作弊，那么人们就会怒不可遏，甚至酿成社会骚乱。这在西方已不鲜见。作弊就意味着有人破坏了规则，规则就是要形成一种公平，比赛的灵魂就是平等。在比赛中，这种灵魂得到了最生动、最淋漓尽致的体现，其魅力得到了最佳发挥。正是平等的魅力，引得人们如痴如狂。

笔者认为，本质相同的事物必须要求有相同的属性，或事物的属性只有在产生这些属性的事物的本质相同的条件下才具有可比性，这就是平等。

平等，在许多场合被视同于平均。平均是在对事物的本质不作要求的条件下对事物的属性或现象进行比较的结果。如有人问，什么动物的力气最大？大家会说，大象。如有人再问，什么动物的单位体重的力气最大？人们会说，是蚂蚁。如让大象和蚂蚁比力气，这一定让人可笑。但这就是平均主义者的主张。主张平等的人会说，比力气，大象只能和大象比，蚂蚁只能和蚂蚁比。这就是平等与平均的不同。你能肯定你不曾有过平均主义者的主张吗？

平均与平等涉及的范围非常之广。包括但不限于男女平等、种族平等、人生价值平等，等等。平等倡导者与平均主义者的区别是什么？平等倡导者，倡导男女性的社会责权利相同，但平均主义者要求男女各方面都一样，简单表述为"男同志能办到的女同志也能办到"，但我们都知道，女性能代替男性和另一女性结婚生育吗？

我们中国人，特别是在"文革"之前和之中受教育成长起来的人最容易犯平均主义的错误，特别容易在对待人生价值平等的问题上犯错误。

在当前，我们在执行党中央建设和谐社会的政策要求时，许多人和许多单位片面理解了党中央的精神，把一些平均主义的东西似是而非地夹带进去了。

比如，一些带有平均主义色彩的法规政策出台了，加重了许多企业的社会负担。中国的企业无不面临着国际竞争，而与国际同行相比，比较多的企业拥有的主要优势是制造业成本优势和一些地区的政策环境优势，如果这两个优势没了，靠企业家个人拼命也没用。企业必须要承担社会责任，但社会必须解放企业。

为什么眼下有一个时髦话题叫富二代出走？因为，我们国家面临贫富差距的压力，富人生活在平均主义色彩浓厚的文化和法规政策环境中，感到害怕和担心。依法依规创造财富的人，他们是社会的精英，如果精英都出走或多出走，受损失最大的是国家。从全局看，我们应当树立这样的人才观：爱护精英就是爱护自己。

　　呜呼，为了子孙后代的福祉，让我们行动起来共同反对平均主义吧！

故乡的千岛湖

　　千岛湖是我故乡。但以往我对千岛湖的故乡情是抽象的，是从父辈那里继承来的。游览了一趟千岛湖，却使我心中的故乡情绪激荡不已，回京已过了许多日子，那份感怀仍不能沉淀下去。

　　那是深秋的一天，天格外晴朗。我们乘坐一艘游艇，游弋在碧波荡漾的湖面。我一上船就急切询问船上的当地人，淳安港口区程村在什么地方？他们指着一片水面说，那水下面就是。我看着那水面，耳畔响起了父辈们从我儿时起就常说的许多话，其中有些是流传了许多代的故事，有些是他们亲身经历的事情。我凝望着那一片水，那一湾水，那一湖水。那水是那样的柔，那样的绿，那样的纯。我凝望着，想望穿她，想读懂她。我知道，她用自己的身体温柔地覆盖着上十个、上百个村镇。1958年，国家兴建新安江水库，淳安境内的许多居民离开了祖祖辈辈生息的沃土。故土难离。水位一天天地高涨，许多老人仍不肯离去；就是在离去的最后一刻，他们把眼泪洒作了湖水。千岛湖的水啊，蕴含了成千上万淳安人离别的泪水。

　　千岛湖，有1078个岛屿。有猴岛、蛇岛、鹿岛、鸵鸟岛、龙山岛、锁岛……说起锁岛，可谓是淳安人智慧的杰作。锁在日常生活中是司空见惯的，但在这里却被赋予了新的诗意，令人玩味。为了表达游子之情，我和我夫人在这里锁上了一把同心锁，锁住了我们的感情，也锁住了我们与故乡之情。

　　站在岛上，一眼望去，水在天上，天在水上，岛在其中。那岛，千姿百态，似静似动。那岛与其说是岛不如说是山，因为，那本是山，因在水中才叫岛。

游完千岛湖登上排岭。我们走进了一家淳安本地人开的酒楼用餐。好客的主人向我们介绍了许多当地的特色菜肴。无意间，他们上了一道菜，我看到这道菜，先是惊喜，后来几乎是失态了。这道菜按当地话叫肉圆子，是用红薯粉加些肉丁、萝卜丁、葱做成的。这道菜的原料不特殊，但做工很巧妙，也许只有老淳安人会做。我们家迁出千岛湖后，每当我出远门前我母亲总要做这道菜给我"饯行"。所以，这道菜不仅本身食味鲜美，于我还别有含义了。母亲去世多年，原以为永远也见不到、吃不到这道菜了。不想今日"久别重逢"，我的眼睛湿润了……

故乡的山

　　清明时节，多年不曾给母亲扫墓的我，怀着几分愧疚和期盼来到了母亲墓前——我母亲安息在武夷山麓一座平常的山坡上。

　　行过万里路的我，涉猎了欧洲、美洲、亚洲、非洲、澳洲，赞美过阿尔卑斯山，感叹过富士山，俯瞰过大峡谷，瞭望过大堡礁，饱览了祖国的大好山河。但当我站在故乡的山上，站在母亲的墓前，别样感觉涌上心头。故乡的山，母亲的山，山不在高，但山是活的。我脚底踏着泥土，泥土中有股力量从脚底注入我的机体，一阵阵，这股力量充满我的全身。

　　初春的山风，迎面拂来，这是山在呼吸。山风是那么的温柔，充满了春的气息，那是怒放的山花播撒的生命在空气中弥漫，那是桃腮间呼出的体香在耳鬓厮磨。

　　我凝视着眼前的群山，这是一幅展开的画卷。我一山一峰、一树一木地细读。儿时上山砍柴、伐竹、挖笋的情景历历在目……树树似相识，山山皆有情。

　　山，顶天立地。"山，刺破青天锷未残，天欲堕，赖以拄其间"。一座山撑起一片天，一座山支起一片地。东西南北山支撑起东西南北的天地。无论东西南北风，无论春夏与秋冬，山，还是那山。山山相连，山山有别。东边，含龙山，山峰蜿蜒起伏，如龙入水；西边，笔架山，双峰矗立，相对相连；南边，岳家岭，俨然而坐，展开双臂统揽一脉青山；北边，里家峰，像一道七彩的屏风推开了外边的世界。

这里的山，山有多高，水有多高。山泉成溪，溪流成河，小河来了，大河大了，大小二河在笔架山下汇流成潭。山流着水，水绕着山，山不让水，水不让山。山让河北去，毕竟水东流。

　　山，是上帝无言的艺术，是大地的姿态和风度。清晨，朝阳在含龙山的树梢上冉冉升起，懒睡欲起的群山婀娜多姿，该胖处胖，该瘦处瘦，山峰在缭绕的晨雾中呼之欲出。当午，山，一本正经，正襟危坐，神清气宁。傍晚，夕阳斜照，层林尽染，青松与翠竹相映，晚霞和山峰同辉。

　　山，是灵魂的家园。深山老林里现存的残垣断壁、瓦砾碎砖仿佛都在诉说着这里从前的繁华。遥想一千年来，赣东这片红土地上曾涌现了王安石、曾巩、晏殊、汤显祖等名垂青史的人杰，也许包括他们在内的历史名人曾经在这繁华的村镇上留下过足迹。笔架山上，有一座可能失修了上百年的庙，庙旁古树的年龄也许就是建庙时间的见证。古树下的石板栈道通向了一个村庄的遗址，现今周边的村民已经无人知晓其兴衰的故事。山上的灌木丛中，还有许多的战壕，战壕里还有依稀可见的弹壳，据说，这是20世纪二三十年代红军战斗过的地方，谁知道有多少英烈在这里长眠。13年前，在家门口我母亲艰难地迈着病重的步子，坚定地推我上路远行，不久，我接到了母亲去世的噩耗。此后，她老人家便安息在家后面的山坡上。

　　多少前人在这里告别了又告别，老人留在了山里，新人去了远方，去了城里。

　　游子生长在山里，游子长大远行了。山，在游子的心里。

态度与方法

人生，就是一个过程，包括出生、成长、工作、退休或颐养，最后死亡或回归自然。人生的价值在于创造，包括创造自己的后代或自己的基因载体，创造自己的事业或自己的觅母或文化基因。

人生中的许多过程或环节是不能由自己选择的：一个人出生不能选择时代、时间，不能选择社会、国家和家庭，呱呱坠地，来到一个完全陌生的世界，当您对这个世界还没有一丁点儿认识的时候，这个世界已经因为您的出生而对您作了定格定位，可以说出生不由己；当您欣喜若狂的时候，或当您悠然自得的时候，或当您全然不知的时候，死亡突然降临，或当您眼睁睁地看着死神进逼而来，您却无法挣脱，可以说死亡不由己。在生活和工作中还有许多事情都是身不由己的。我们人生是否因此就被动悲观或陷入宿命论的泥潭而不能自拔了呢？

人生成败给每个人都留出了足够大的自主空间，这就是工作和生活中的态度与方法的选择。在这里我们着重讨论工作中的态度与方法。

关于态度

工作中的态度，就是关于工作的看法和情绪。我们在工作中经常遇到一些看似简单但又普遍令人感到困惑的问题，这些问题主要表现如下：

第一，为谁工作的问题。如果您在政府或社会公益性机构工作，我们非常熟悉一句话，那就是"为人民服务"，您应当为人民服务或工作。这就是我们中国共产党的宗旨。这句话在中南海新华门进门的影壁上醒目可见，而且应当落实在每一个公务员的行动上。

在企业工作，为谁工作的问题尤为重要和突出。许多员工在很多时候会认为为老板工作，所以，以为偷工减料、迟到早退就得到便宜了；以为消极怠工、当一天和尚撞一天钟得过且过就可以了；更有甚者，对老板有意见就在工作中寻找机会进行破坏或报复。怀着这种态度的人，往往就会陷入恶性循环，最终导致与单位或同事对抗，跌入痛苦或犯罪的泥潭。

我们每个人都应清醒和自觉地认识到，工作既是为别人，更是为自己，直接为别人，最终为自己，"我为人人，人人为我"。我们可以看看成功人士的经历，也可以看看身边的人和事，只要时间尺度够长，没有人因为工作多了或帮助了别人就吃亏了，只是回报的时间有长有短，聪明人愿意积累。正如日常生活中人们在银行存钱一样，钱存得越多时间越长，利息就越高，积累的财富就越多。因此，我们要做聪明人，帮助别人就是帮助自己，就是在自己的人情银行里存钱，多做工作就是成长自己，就是在自己事业的银行里存钱。吃亏是福就是这个道理。

第二，攀比的问题。两千多年前，在当时的齐国即如今的山东发生过一起悲壮而又荒唐的故事，就是"二桃杀三士"的故事。某日，在晏婴的策划下，齐景公请当时的"齐邦三杰"公孙接、田开疆、古冶子陪同宴请鲁昭公。齐景公让人从果园里采摘了当时极珍稀且仅有的六个蟠桃，在两国国君和相国每人享用一个之后，剩下两个给三士。此时，晏子奏曰："盘中尚有二桃。主公可传令诸臣中，言其功深劳重者，当食此桃，以彰其贤。"景公曰："此言甚善。"即命左右传谕，使阶下诸臣，有自信功深劳重，堪食此桃者，出班自奏，相国评功赐桃。公孙接挺身而出，立于筵上，而言曰："昔从主公猎于桐山，力诛猛虎，其功若何？"晏子曰："擎天保驾，功莫大焉！可赐酒一爵，食桃一枚，归于班部。"古冶子奋然便出曰："诛虎未足为奇，吾曾斩妖鼋于黄河，使君危而复安。此功若何？"景公曰："此时波涛汹涌，非将军斩绝妖鼋，必至覆溺，此盖世奇功也！饮酒食桃，又何疑哉？"晏子慌忙进酒赐桃，只见田开疆撩衣破步而出曰："吾曾奉命伐徐，斩其名将，俘甲首五百余人，徐君恐惧，致赂乞盟。郯、莒畏威，一时皆集，奉吾君为盟主。此功可以食桃乎？"晏子奏曰："开疆之功，比于二将，更自十倍。争奈无桃可赐，赐酒一杯，以待来年。"景公曰："卿功最大，可惜言之太迟，以此无桃，掩其大功。"田开疆按剑而言曰："斩鼋、打虎，小可事耳！吾跋涉千里之外，血战成功，反不能食桃，受辱于两国君臣之间，为万代耻笑！何面目立于朝廷之上耶？"言讫，挥剑自刎而死。公孙接大惊，亦拔剑而言曰："我等微功而食桃，田君功大，反不能食，夫取桃不让，非廉也；视人之死而不能从，非勇也。"言讫，亦自刎。古冶子奋气大呼曰："吾三人义均骨肉，誓同生死。二人已亡，吾独苟活，于心何安？"亦自刎而亡。田开疆、古冶子、公孙接三位豪杰因攀比而死。两千多年后，还是在山东这个地方，又发生了原理相近而同样悲壮的故事，就是孟良崮战役。就政治和战争而言，国民党及其"国军"终究逃脱不了失败的历史命运。但是，孟良崮战役"国军"失败、王牌七十四师被歼是由于"国军"八十三师增援故意不到位造成的，原因是八十三师师长李天霞对七十四师师长张灵甫的资历轻地位高充满个人妒忌，对其以前的狂傲自负满怀怨恨，就是个人之间的攀比造成的。这些故事告诉我们一个浅显的道理，就是"人比人，气死人"。这些故事大家都会认为不值当，不该发生，但是，这些故事的不同版本一直在上演，一直在我们的身边甚或在我们自己的身上重演。

在我国社会，发生错误攀比是普遍和容易的。因为平均主义长期以来侵蚀和扎根于我们的思想意识之中，形成了浓厚的平均主义文化，在这样的环境里，如果个人的品德修养欠缺，这两者的结合就会滋生出错误甚或罪恶的意念和主张，再遇风吹草动，就将酿成反权威、反政府、反社会的破坏行为，魔鬼就这样出笼了。因此，反对平均主义应当是我们文化建设中一项长期而艰巨又刻不容缓的重要任务。

关于方法

国家科技部原副部长刘燕华在《大力开展创新方法工作，全面提升自主创新能力》一文中提出了创新方法，包括思维、方法、工具三位一体的方法创新。因此，我们说到方法，就包括了这三方面。

首先，我们来解析思维或思路。看一个人是否有潜力或前途，思路是非常重要的。有思路就有出路。敏捷、清晰、周密、深邃的思路或思维是我们所要倡导和追求的，反之，迟钝、混乱、呆板、肤浅的思路或思维是我们所要摒弃的。敏捷、清晰、圆熟、深邃的思路是怎样形成的？是来自一个人的智慧和经验，经验是什么？是实践—理论反复循环的结晶，是总结、学习、提升的精品。在我们的日常工作中应当如何提高我们的思维能力呢？第一，实践出真知。这是被前人和历史反复证明了的真理，我们要勇于实践，而且要善于实践。一个人不知道路的时候，不要怕走错路，怕的是原地不动。错误的经历比空白的过去更有价值。我们倡导不仅要敢于实践而且要善于实践，就是要在实践时充分借鉴前人的经验和教训，更重要的是要及时总结。古人曰"一日三省"，许多名人写日记，都是这个道理。第二，要终身学习。我们要高度重视哲学的学习。一个领导干部或业务骨干必须要学习哲学，要有哲学修养。哲学是关于各学科的学科，领导是带领其他人的人，领导犹如科学中的哲学，哲学犹如人群中的领导。没有哲学修养的科学家，充其量只能成为专家，而不能成为大家；没有哲学修养的干部，充其量只能处理事务，而不能成就事业。当然，我们也不是无限夸大哲学的社会价值和地位。如果一个社会只有哲学家，大家就会饿死；如果一个社会没有哲学家，这个社会将会愚蠢和没落。

本人在成功的经验和失败的教训中反复梳理和提炼，得出"精细实全时"五字方法论。

"精"：精致，精益求精，优中选优，好中选好。凡事皆可三分，如，上、中、下；前、中、后；深、中、浅；高、中、低；快、中、慢；长、中、短；重、中、轻；多、中、少；优、中、劣；美、中、丑，事物的空间、时间、形状、品质，凡此种种，不论正态分布或偏态分布，几乎皆可三分，故此，中国自古就有"中庸之道"。但是，我们追求"精"或精致，不可再走"中庸之道"。做事，目的导向，凡事做最好的努力，做最坏的防备。遇到问题，要对可能的结果做分析，要回答什么是最佳效果、最佳效益；为了实现这样的目标，最佳方法是什么？最佳途径是什么？最佳工具是什么？瞄准目标，找出实现的途径或方法，画出鱼骨图。

"细"：细化，遇到问题或接到任务，要把任务进行分解，分解到最基本单元，就是穷尽到不可再分的程度，包括事物的过程，事物的内容或物质的结构。画出 WBS（Work Breakdown Structure）工作分解结构图。

该图是以项目的可交付结果为导向而对项目任务进行分组，它把项目整体任务分解成最小单元，工作分解结构的每一个细分层次表示对项目可交付结果更细致的定义和描述。WBS 其实是为实现特定目标或成果的所有工作进行"抽丝剥茧"的结果。

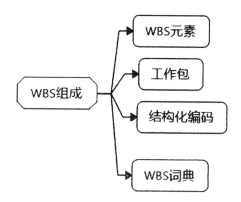

WBS 元素：实际上就是 WBS 结构上的一个个"节点"，通俗的理解就是"组织机构图"上的一个个"方框"，这些方框代表了独立的、具有隶属关系/汇总关系的"可交付成果"。

工作包：是 WBS 的最底层元素，一般的工作包是最小的"可交付成果"，这些可交付成果很容易识别出完成它的活动、成本和组织以及资源信息。

结构化编码：是最显著和最关键的 WBS 构成因子，首先编码用于将 WBS 彻底结构化。通过编码体系，我们可以很容易识别 WBS 元素的层级关系、分组类别和特性。并且由于近代计算机技术的发展，编码实际上使 WBS 信息与组织结构信息、成本数据、进度数据、合同信息、产品数据、报告信息等紧密地联系起来。

WBS 字典：它用于描述和定义 WBS 元素中的工作的文档。字典相当于对某一 WBS 元素的规范，即 WBS 元素必须完成的工作以及对工作的详细描述；工作成果的描述和相应规范标准；元素上下级关系以及元素成果输入输出关系等。

"实"：夯实，指事物现实可能性、可操作性、确定性。也就是一件事夯实了没有，确定了没有。做事，就是要消灭不确定性。在工作中，获取的信息是否准确，信息来源是否可靠，信息是否可以溯源，每一个环节是否有失真的可能。第一手获取的信息最为可靠。第一手获取的信息也要夯实，俗话说，耳听为虚眼见为实，眼见也不一定为实，眼见也要通过亲身感受去验证。但凡伟大的领导者，都能既胸怀大局又心细如发，既高瞻远瞩又脚踏实地。我看过毛泽东的一个故事，印象深刻。新中国成立后，毛泽东到外地视察工作，经常喜欢在当地游泳。一次，他让警卫员先去一个他拟游泳的水域了解情况，看看是否适合游泳。警卫员回来说，那个水域水深流急，不宜游泳。毛泽东问他是怎么知道的，他说，他到那条河的岸边看了看，别人都说那里的水又深又急。毛泽东问他下水了解过没有，他说没有。毛泽东就把这位警卫员调离了岗位。在工作中，我们制订的实施方案，要确认每个环节是否确定可靠，是否做到了万无一失，是否留有后手。什么叫后手？武则天与唐太宗的对话告诉了我们。一天，西域使节觐见唐太宗，送来一匹宝马，这匹马体形高大，秉性刚烈，唐太宗问在场的大臣谁能驯服此马。武则天应诺可以，但是，她要求有三件东西，钢鞭、铁锤和匕首。唐太宗问她为什么，她说，如果马不听话，她先用钢鞭抽它；如果再不听话，她就用铁锤砸它；如果还不听话，她就用匕首杀了它。这匹马果然俯首帖耳。

"全"：全面，事物的全方位、全过程、全要素。全方位，就是要从不同角度、不同立场、不同位置看问题。从不同角度，从高层、中层、基层看，仰视、平视、俯瞰，不同角度看事物，事物的成像是不一样的。从不同立场看，从决策者、执行者、被执行者立场看；从赞成者、反对者、中立者立场看；从当局者、旁观者看；从亲者、仇者看；从获利者、受损者、无关者看，不同立场者事物性质会完全不同。不同位置，其上游是谁，其下游是谁，其前者是谁，其后者是谁，其左邻是谁，其右舍是谁。全过程，凡事，其过程无外乎事前、事中、事后。我们往往注重"事中"，但是，事情往往是"事中"十分钟，"事前"十年功。事前不用功，事中功没用。"事中"没做好，"事后"不好做。在时间分布上，我们常说，善始者众，克终者寡。这些我们都当引为警醒。全要素，就是主体、客体、介体或工具，工具又可再分主要工具和附属工具。

　　"时"：适时，把握时机是成功的关键。我们常说，审时度势。宇宙和人间的一切都是时间的造化。我们在日常工作和生活中知道，"开枪"的时间是非常关键的，只有当事者才知道，也只有经过不断的失败历练才能把握好时机。比如，我们知道，和重要人物说重要的事，时机是十分重要的。重要人物在累的时候、饿的时候、困的时候、急的时候、气的时候、怒的时候、忙的时候是不能说事的。你怎么知道重要人物的时间节奏呢？你去下功夫吧。一件重要的事好不容易获得领导同意了，你应当立即离开领导，立即去办，否则就可能前功尽弃。

追忆吴新智先生二三事

2021 年 12 月 5 日上午，我接到我的师弟、中科院古脊椎所研究员刘武的短信，获悉我们的导师吴新智先生于前一天晚上在家安然去世了，终年 93 岁。虽在常理之中，却也在预料之外，深感悲痛。我因为在南方出差，不能中断行程，只好向北默哀并三鞠躬以致哀悼。

我给刘武发短信，表示我不能参加先生的告别仪式，建议学会出专刊，我会写文章纪念他。我拜读了 12 月 19 日《知识分子》刊登的刘武《追忆吴新智先生》的文章和周中和总编辑的编者按，催稿或催债感油然而生，故此，不敢耽搁片刻，写下此文。

在先生面前，我是不孝弟子，早已将所学归还先生，学业已废，误入歧途了。我不能像刘武那样师从先生，学有所成，修成正果，追忆的文章也有系统和学问。我就追忆在做学生期间吴新智先生和我之间发生的几个不能让我忘怀且对我人生有重要影响的故事。

中国解剖学会 1984 年学术年会于 10 月 19 日至 24 日在郑州举行。在这次会上，我第一次见到了吴汝康先生和吴新智先生。在这之前，我在江西医学院读书期间，在解剖学黎屏周教授、儿科学唐家琪教授、妇产科学毛成德教授的指导下写了三篇论文，其中，黎屏周教授指导的《国人发旋的观察》一文被中国解剖学会大会选为宣读论文。在写论文期间，黎屏周教授循循善诱地将我引上了体质人类学的道路，吴汝康、吴新智先生已然是我心中光辉的偶像。吴汝康先生当时是中国解剖学会理事长，大会主席。在我宣读论文前后，黎屏周教授专门把我引荐给两位吴先生并做了简短交流，我很紧张，但见到两位吴先生那么平易近人，我心里的反差却留下深深的印象。此后，我报考了两位吴先生的研究生。在许多同学收到复试通知书的时候，我收到了吴新智先生的亲笔信，吴先生在信中说，我已经上了分数线，由于在郑州大会上听过我宣读论文，就不用复试了，让我等正式录取通知书就可以了。收到吴先生的亲笔信，我如在梦中一般，好事来得这么简单？我心中充满了亲切感和幸运感。

我到古脊椎所上学的第一个春假后，从家里带了一包江西老家的土特产，香菇、笋干之类的东西，诚心诚意上门给吴先生拜年。我小心翼翼地敲开了吴先生家的门，吴先生开门后发现我手中提了一个包，就非常严肃地对我说"你把手中的包放在门外再进来"，我怎么解释都不行。我只好尴尬地把一包土特产放在门外，空着两手进门说了一些拜年的话就出门了。出门时，吴先生又慈祥地说道"研究所食堂伙食不好，这些土特产你们自己可以做菜吃"。我心里一阵凉一阵热，半天回不过神。从此，我再没有上先生家拜年了。后来，我当了生物物理所副所长，主管研究生教育工作，有一年一位女学生总分够了但有一门课差两分达到录取分数线，经过大家商议后还是录取了。事后这位学生到我家来看我，我从门禁视频里看到她两手提了两个包，我就想起吴先生对我的做法，我坚决不让她进门，最后，这个学生哭着离开了。这个学生后来与我一直也没有联系，我也不知道她怎么想这件事。

吴先生当时是研究所副所长，分管研究生教育工作。我从研究生院回到研究所后，向他汇报我在研究生院时当了学生会的干部，回所后同学们可能还会选举我当学生会干部，怎么办。吴先生语重心长地对我说，学生时期还是集中精力学习，研究生毕业后送我去国外深造，回来后如果还想做一些管理工作，他可以帮我安排。我听了后感觉像父亲与我谈话一样，而且我是家里那个最受宠的孩子。后来，研究所负责我们研究生教育的刘玲玲老师召集我们同学开会，我知道是为了成立研究生会的事，我两次都故意缺席了。第三次开会，刘老师特地给我打招呼说，这一次不能请假。我参加了，大家还是要选我当学生会主席，我说，如果大家连续听我的话三次，我就听从大家的。我说，大家全体起立，坐下，全体再起立，再坐下，再起立，再坐下，大家当即都做到了。于是，我只好服从了。当时，正好朱敏刚入学做张弥漫先生的博士生，我还是建议请朱敏当主席，我当常务副主席。既然成立了学生会，就要为大家办实事。于是，我又组织大家去给每一位同学买了三用机，价格又超了预算。这期间，吴先生正好出差了。我心里七上八下，只等先生回来后想赶紧汇报，求得他的谅解。结果，研究所研究生教育处的负责同志还是在我之前向吴先生汇报了。某一天的近中午时候，吴先生找我去办公室谈了许久。吴先生心平气和地问我，你是高干子弟吗？我当时就蒙了。我的家庭情况先生应该是知道的。我回答，我父亲当过大队革委会主任，在农村在三级干部之列。先生对我说，你这一届有两个学生，科学院的政策只能留一个，你是男同学（另一位是女同学），又有开创精神，而且你的研究方向最好是和医学结合，最好是到医学院去，如果你的方向坚持做下去，有可能做出诺贝尔奖量级的工作。我知道，我只能离开研究所了。后来，中国科学院科技政策局录用我时找吴先生征求意见，吴先生为我说了很多好话。

　　吴先生现在走了，但他永远活在我的心里，他那么严肃严谨严格，又那么慈祥和蔼可亲。他是我的导师，是我的长辈。

试以滴水映出太阳

——访美国 CTC 公司及其总裁章义鹏教授

笔者在访美期间，特地走访了诞生不到两个月的美国 CTC 公司（China – America Technology Corp.）及其总裁章义鹏教授。CTC 公司主要从事技术转移业务，就是把中国的技术介绍到美国和国际市场，在美国寻求技术的投资者和合作者，为中国的技术发明人提供简捷、优惠的专利申请渠道。

CTC 公司没有门牌。她栖身于科学的象牙塔——在坐落于曼哈顿中区的纽约市立学院科学楼内。纽约市立学院（City College of New York）对多数中国人来说可能还是陌生的，但她的"门第"也不失高贵。该校创办已有 149 个年头，其毕业生中有 8 位获得了诺贝尔奖，同时还造就了一大批企业管理人才。

走进章义鹏教授的办公室，让人感觉这确实更像一个教授的办公室。章义鹏教授于 1940 年出生于新加坡。21 岁时在美国名牌大学哥伦比亚大学获博士学位，24 岁时成为市立学院历史上最年轻的教授。章义鹏组建了海外华人物理学会，并担任了第一任主席。他被选为美国物理学国际科学事务委员会 1996 年度副主席和 1997 年度的主席。他被选入了《美国科学人》及《东部名人录》。他的经历和头衔都表明他是一位十足的学者。

这样一个入流的学院和这样一位资深教授怎么会办公司的呢？当笔者向章教授问及此问题时，章教授聊兴甚浓。章教授祖籍福建，对中国有很深的感情。在他的倡导和指导下，市立学院成了中美学术交流领域的先行者。市立学院与中国的学术交流与合作已有了 15 年的历史，交流与合作的单位包括中国科学院、高等院校中的复旦大学、中山大学、山东大学、东南大学和西北大学等。由于这样的基础，章教授对中国的科学技术有相当的了解。一次偶然的机会，中国科学院请他就技术转移做讲座，他硬着头皮答应下来进行积极的准备。在准备的过程中，他"顿悟"了：现在从事中国的科学技术转移工作是一件很有意义的事情，这是历史性的机会。章教授说，西方的发展处于减速状态：美国的财政预算削减，必然会影响到科研活动，而市场对技术的需求照样存在，而中国在振兴，科技正蒸蒸日上，这是中国技术进入国际市场的良机，也是检验中国技术是否达到国际水平的最好实验。于是，经过反复酝酿，由纽约市立学院控股成立了 CTC 公司，章教授毅然"弃笔从商"，出任公司总裁和执行主任。

章教授的论据是充实的。杨振宁教授曾经指出，中国古代科技的辉煌是世界公认的，但到 15 世纪就停滞了。1600 年至 1950 年，中国开始学习和引进近代科学技术，20 世纪 50 年代以后，中国的科学技术迅速发展，充分显示了中国科学家的智慧和巨大的潜力。"两弹一星"，特别是在很短时间内成功地研制了氢弹，便有力地作出了说明。

经过几代人的艰辛努力，承受着历史的重托和十几亿人的期望，中国的科学技术到了登上世界舞台的时候了。中国科学院周光召院长在 90 年代初提出了"以我为主，迎头赶上"，这为中国科技进入新的历史时期奏响了序曲。不久，"科教兴国"被确定为治国的战略方针，科技创新被摆到了科技活动的重要位置上。科技创新就是要在全世界范围内争当第一。中国的科技要在国际前崭露锋芒。理论上如是说，CTC 公司的实践又作出了什么样的反响呢？章义鹏教授充满信心地说，CTC 公司近两个月来发行了《中国技术目录》（双月刊）首期近 5000 份，介绍了中国科学院等单位的 20 多个项目，与上千家公司建立了联系，许多大公司对此产生了浓厚兴趣。美国的企业界、新闻界、学术界已开始关注 CTC。

如果说中国的科学技术经历了漫长的黑夜，现正犹如东升的旭日喷雾而出，那么，CTC 公司就是在西方世界里的一滴晶莹的水珠，它要映照辉煌的太阳。